Hablando de cine

Hablando de cine
Conversación avanzada

John H. Underwood
Western Washington University

Boston   Burr Ridge, IL   Dubuque, IA   Madison, WI   New York
San Francisco   St. Louis   Bangkok   Bogotá   Caracas   Kuala Lumpur
Lisbon   London   Madrid   Mexico City   Milan   Montreal   New Delhi
Santiago   Seoul   Singapore   Sydney   Taipei   Toronto

The McGraw·Hill Companies

This is an  book

Hablando de cine: conversación avanzada

This book is printed on acid-free paper.

1 2 3 4 5 6 7 8 9 0 QPD / QPD 0 9 8 7 6 5 4 3

ISBN: 0-07-253507-5

Cover photo: © Dan Hallman / Getty Images / The Images Bank

Publisher: William R. Glass
Development editor: Pennie Nichols-Alem
Production editor: Jennifer Chambliss
Senior production supervisor: Richard DeVitto
Senior marketing manager: Nick Agnew
Design manager: Violeta Díaz
Cover and interior designer: Mark Ong
Art editor: Robin Mouat
Photo research coordinator: Holly Rudelitsch
Photo researcher: Judy Mason
Compositor: G & S Typesetters, Inc.
Typeface: 10/13 Galliard
Printer: Quebecor World Dubuque

Library of Congress Cataloging-in-Publication Data

Underwood, John H. (John Harvey), 1944-
 Hablando de cine : conversación avanzada / John H. Underwood.
  p. cm. — (EBI series)
 ISBN 0-07-253507-5
  1. Spanish language—Conversation and phrase books—English. 2. Motion pictures—Spain. 3. Motion pictures—Latin America. I. Title. II. Series.

PC4121.U43 2002
468.3'421-dc21   2002041082

Preface

Hablando de cine: Conversación avanzada is intended both as a stimulus for conversation among advanced students of Spanish and as an introduction to the world of Spanish and Latin-American film. Thus, rather than a conversation course based on a series of "topics of the day," this text supports a "content course," a language skills course based on a single, consistent subject matter throughout, whether history, geography, culture, or, in this case, film. Our hope is that the student who completes this course will gain a new appreciation of Spanish-language cinema and Hispanic culture while improving conversational skills.

The films

The films, most of which have been awarded or nominated for the Oscar for Best Foreign Film, have been selected for their artistic qualities, the variety of themes and cultures they reflect, and their accessibility to undergraduate students of Spanish. All but one of the films—*The Mission*, included for its rich Hispanic content and provocative themes—are in Spanish. They are readily available in VHS or DVD through video distributors such as Facets, Amazon.com, or video rental stores with substantial foreign holdings.

Although many foreign films contain controversial material, those included in this selection are all considered suitable for classroom discussion and have been used frequently in this context. But they are not without controversy, which, after all, is a first-rate stimulant for healthy conversation. Films are about life, and life is not always tidy. The instructor, of course, may exclude any title considered inappropriate for the particular class or academic level for which the text is being used. Since the films are treated independently in the text, the order in which they are shown is likewise left to the discretion of the instructor.

Organization of the text

Hablando de cine begins with **Avance,** a preliminary chapter that introduces cinematic concepts and provides background on the evolution of Spanish-language films, as well as instructions for preparing activities such as debates and film critiques.

The core of the text is four thematic units. Each presents three or four films or chapters and is independent of other units, as the films are of each other. The units and/or chapters can be presented in any order.

The four unit themes are suggestive, helping students discover a link that may not be obvious. *La traición* examines films in which the plot turns on the consequences of lying or betrayal. The films in *El destino* carry a foreboding of doom, of actions being carried out in an unavoidably fatal manner. *La mujer independiente* salutes women who have coped with extraordinary circumstances and maintained their integrity. Finally, *La amistad y la familia* examines unusual forms of friendship and the relationship between friendship, love, and family.

Apéndices

At the end of *Hablando de cine,* students can refer to **Apéndices,** two appendixes. The first, *Vocabulario de cine,* is a Spanish-English glossary of basic film-related terms, useful to students in discussing film as film. The appendix includes a matching quiz to help students check retention. The second appendix, *Otras películas de interés,* is an alphabetical listing of important, often classic, Spanish-language films. The brief synopsis will help students or instructors select films for viewing.

Chapter organization

Each chapter consists of two main sections, *Antes de ver la película* and *Después de ver la película*. *Antes de ver la película* is a previewing section that prepares students for understanding the film. *Después de ver la película* provides comprehension or postviewing activities.

Antes de ver la película

Brief introductory notes offer an artistic context for the film: its importance as cinema, other films by the same director, notable actors, and awards. This introduction outlines the overall theme of the film, providing a general sense of what the director is trying to say, which students will later expand upon through their in-class discussion. Occasionally, as in the case of *Fresa y chocolate,* these introductory notes relate the considerable hardship, even danger, the director underwent to complete the film.

El ambiente cultural

This section outlines the historical-cultural background of the story in the film. In order to understand what takes place, students need to know when and where it takes place and what socio-political events might affect or shape the story. Students benefit by knowing whether people behave in certain ways due to cultural dictates or due to customs of that time in history. Discussion of these questions prior to showing the film helps students follow the story and contributes to a more general understanding of cultural and historical differences.

La trama

The plot summary offers an outline of the story. While this provides a cinematic roadmap for the student, it does not give away crucial information about the plot. When dealing simultaneously with a foreign culture, a foreign language, and perhaps a remote historical setting, students need an "advance organizer" to help them put the pieces of the puzzle together. One of the most important discussions before viewing a film is about what takes place at the very beginning. A lost and bewildered feeling as the film opens may never entirely go away; therefore, students should know: Where are we? Who are these people? What is going on?

Hablando del tema...

These floating question boxes appear among the preliminary notes. Each contains a single question to encourage students to reflect on what they have read, to relate it to what they already know about the subject or to their own experience, and to predict what might be expected from the plot or cultural situations described. It may be useful to have students discuss these questions in pairs or small groups and then share their conclusions with the rest of the class.

Para pensar

As in *Hablando del tema...*, the questions in *Para pensar* are not about the film specifically, which most students have not seen. Rather, they are general, addressing cross-cultural or social issues raised by the film and related to the students' personal experience. They prepare students for viewing the film by stimulating a certain frame of mind and an expectation of what is to come. Since the answers to these questions are primarily subjective, and hence invoke more opinions than information, they lend themselves well to small-group exploration followed by whole-class discussion.

Predicción

The last thing students are asked to do before viewing the film is to write a brief prediction of how they think the story will turn out. Their predictions will be based in part on what they learned in the three readings that precede this section, along with the questions and discussion that follow each of them. In addition, they will want to share ideas with their classmates. They are asked to refer back to this section after viewing the film to see how accurate their predictions were. Again, this activity helps students develop appropriate expectations, making the film easier to understand when they view it.

Después de ver la película

Las escenas

The main activity after viewing the film is analysis and discussion of the scenes. What are called "scenes" in this section do not always correspond to usage in the traditional cinematic sense. At times they are series of scenes related thematically, and therefore relatively easy to discuss as a unit. Others are single key moments that are considered important enough in the narrative to be treated in more detail.

The specific questions that are given are not intended to suggest that each scene must be intensely analyzed, but rather to aid the student who is trying to comprehend as fully as possible what is taking place. Some scenes can be treated lightly, while others are crucial to the story and merit close examination. In the same manner, the instructor may choose to focus attention on the discussion of some scenes more than on others.

Each *Las escenas* section has a vocabulary list of words from the spoken dialog as well as words related to visual elements in the scenes. The lists serve two purposes. They not only help students understand what they have seen and heard, but they also provide the words to facilitate class discussion. For this reason, certain words may be repeated in different parts of the text.

Interpretación

The questions in this section are more general than those in *Las escenas* and require students to reflect, analyze, and draw upon their personal experience. Unlike the comprehension questions in *Las escenas* that address what happened, when it happened, who did what to whom, and so forth, *Interpretación* questions involve motive: Why did he act that way? What do you think she meant? and so on.

Actividades

This section, which provides structure for the last day of discussion of a particular film, consists of two types of activities. The first are brief paper-and-pencil exercises to help students recall the parts of the film as a whole; for example, students might work in groups to list and briefly describe the characters and what they were like. The students are also given important quotes from the film and asked to identify who said them and to whom. The second type is a culminating activity. Prior to the last day of discussion of the film, students organize information for exploring the issues and controversies the film may raise. This will be presented or used in class in the form of a debate, a panel discussion, or role play of crucial scenes. *Avance* provides detailed instructions for preparing these activities as well as instructions on writing a film critique.*

Organization of the class

The following is the suggested weekly schedule for a class that meets three days per week. Ideally, the schedule would include three class hours for discussion and two consecutive "lab" hours (roughly 90 minutes total) for viewing the film. The viewing might also be considered homework to be done outside the three class hours if students do not receive lab credit or if there is no scheduled lab hour.

Day 1:	Class	Discussion of the film notes in *Antes de ver la película*
		Small-group and class discussion of *Hablando del tema...* and *Para pensar*
	Lab	Viewing of the film (prior to day 2)

---

* A writing assignment is a good way to encourage students to synthesize what they have learned from the film, although instructors should be careful not to allow compositions to overwhelm a conversation class.

Day 2: Class Discussion of scene-related questions in *Las escenas*

Day 3: Class Discussion of questions in *Interpretación*

Actividades (written activities, debate, skits, panel discussions)

Acknowledgments

There are a number of people I wish to thank for their help in the preparation of this book, beginning with my friends at McGraw-Hill: Dr. Thalia Dorwick, who first encouraged me to pursue the project; Dr. William Glass, my patient publisher; Dr. Pennie Nichols-Alem, development editor; Jennifer Chambliss, project manager; Nick Agnew, executive marketing manager; and Laura Chastain, for her careful reading of the manuscript for linguistic and cultural accuracy.

I also wish to acknowledge the contribution of the outside reviewers who took the time to read and critique the project during its initial stages:

Javier Escudero
Pennsylvania State University

Darlene M. Lake
University of Wisconsin

Javier Martínez de Velasco
Central Washington University

Amy Oliver
American University

Daniel Rangel-Guerrero
Western Washington University

I must also mention the many students who have taken my advanced conversation course over the past five years. Subjected to an earlier version of this text in manual form, they offered me candid and useful comments on my questionnaires, for which I am indebted.

Finally, I wish to thank my wife, Mónica, for her editorial skills and her tireless support.

J.H.U.

Contenido

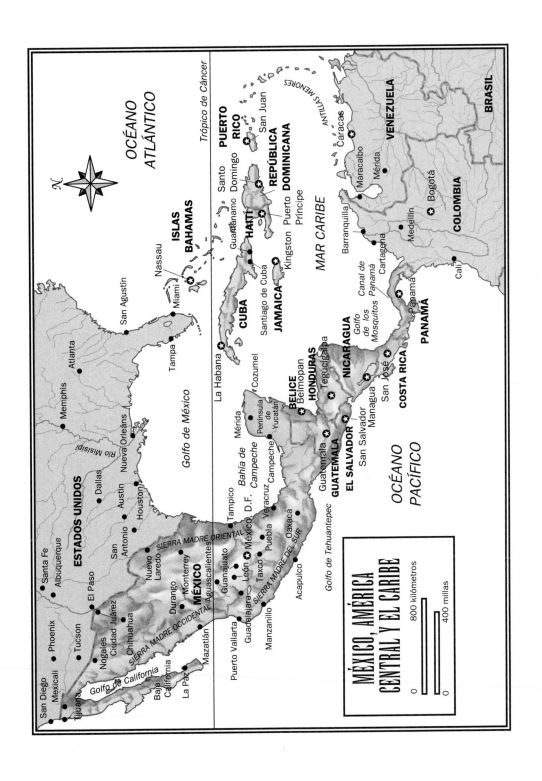

MÉXICO, AMÉRICA CENTRAL Y EL CARIBE

800 kilómetros
400 millas

OCÉANO ATLÁNTICO

OCÉANO PACÍFICO

Trópico de Cáncer

ESTADOS UNIDOS

San Diego
Tijuana
Mexicali
Phoenix
Tucson
Nogales
Ciudad Juárez
Chihuahua
El Paso
Santa Fe
Albuquerque
Durango
Monterrey
Nuevo Laredo
San Antonio
Austin
Dallas
Houston
Nueva Orleans
Memphis
Atlanta
San Agustín
Tampa
Miami
Nassau

MÉXICO
Mazatlán
La Paz
Baja California
Golfo de California
SIERRA MADRE OCCIDENTAL
SIERRA MADRE ORIENTAL
SIERRA MADRE DEL SUR
Aguascalientes
Guanajuato
Guadalajara
León
México, D.F.
Taxco
Puebla
Oaxaca
Acapulco
Manzanillo
Puerto Vallarta
Tampico
Veracruz
Campeche
Mérida
Cozumel
Península de Yucatán
Golfo de Tehuantepec
Bahía de Campeche
Río Misisipí

Golfo de México

OCÉANO ATLÁNTICO

ISLAS BAHAMAS

CUBA
La Habana
Santiago de Cuba

JAMAICA
Kingston

HAITÍ
Puerto Príncipe

REPÚBLICA DOMINICANA
Santo Domingo
Guantánamo

PUERTO RICO
San Juan

ANTILLAS MENORES

MAR CARIBE

BELICE
Belmopan
GUATEMALA
Guatemala
EL SALVADOR
San Salvador
HONDURAS
Tegucigalpa
NICARAGUA
Managua
COSTA RICA
San José
PANAMÁ
Panamá
Canal de Panamá
Golfo de los Mosquitos

VENEZUELA
Caracas
Maracaibo
Mérida
COLOMBIA
Bogotá
Barranquilla
Cartagena
Medellín
Cali
BRASIL

MAR CARIBE

OCÉANO ATLÁNTICO

Maracaibo

Barranquilla

PANAMÁ

Caracas

GUAYANA

VENEZUELA

Georgetown

Medellín

Río Orinoco

Paramaribo

Panamá

Cali

Bogotá

Cayena

COLOMBIA

SURINAME

GUAYANA FRANCESA

Quito

Ecuador

ECUADOR

Río Amazonas

Guayaquil

Belém

Manaus

PERÚ

BRASIL

Recife

Cuzco

Lima

La Paz

Brasília

Arequipa

BOLIVIA

Sucre

PARAGUAY

Río de Janeiro

Antofagasta

Trópico de Capricornio

CHILE

San Miguel de Tucumán

Asunción

São Paulo

OCÉANO PACÍFICO

La Serena

OCÉANO ATLÁNTICO

Córdoba

Rosario

URUGUAY

Valparaíso

Santiago

ARGENTINA

Concepción

Buenos Aires

Montevideo

Río de la Plata

Bahía Blanca

Puerto Montt

Bariloche

Chiloé

AMÉRICA DEL SUR

0   1500 kilómetros

Islas Malvinas

Estrecho de Magallanes

0   1000 millas

Punta Arenas

Tierra del Fuego

Cabo de Hornos

CORDILLERA DE LOS ANDES

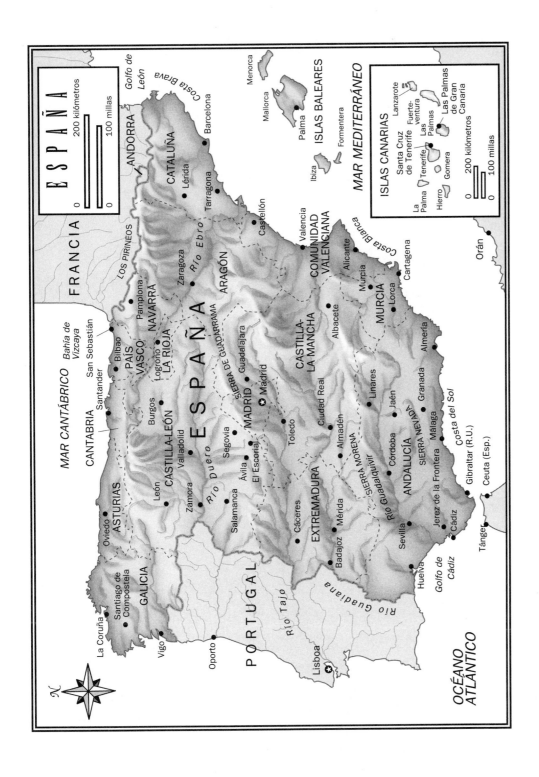

Avance

En cierto sentido, este libro no es sobre cinematografía. No trata de analizar los efectos de montar las películas de forma concisa o el uso de primeros planos. Su propósito es el de examinar las obras en relación con los temas y argumentos, utilizándolos como base para el debate, como diálogos auténticos que revelan el proceso mental del ser humano y las relaciones interpersonales. Pero, incluso interpretado únicamente como historia o cuento, el cine no es simple, ya que se trata de un arte. Como otros géneros de arte, su fin no es solamente el de entretener al espectador, sino el de hacerle pensar sobre las complejidades de la vida y reflexionar acerca de lo que significa ser humano. Esta es una misión que no se debe tomar a la ligera.

El arte es una mentira que nos hace ver la verdad.

Pablo Picasso

El director Pedro Almodóvar dirige una de sus películas.

La película hispánica

El cine hispánico no se diferencia de otros, excepto en que tiende a hacernos recordar que la vida no siempre es ordenada y agradable. Varias películas presentadas en este texto reflejan esos momentos de confusión o tedio, en un intento de ayudarnos a comprender cómo se integran en el argumento general en sí —y en la vida. Ciertas escenas nos hacen retroceder y, probablemente, preferiríamos evitarlas. No obstante, llegamos a comprender que tienen sentido y que son necesarias en el contexto de la historia. Otras nos llevan más allá de lo real, a lo surreal, desafiando los límites de nuestro entendimiento de la realidad y la ficción y forzándonos a dar una nueva definición de lo *real*.

Podrá observar que esta colección de películas, aunque procede de varios países (Argentina, Cuba, España, México), comparte una visión de lo que constituye una película y de lo que el espectador puede esperar. Raramente se nos ofrecen los desenlaces felices comunes en Hollywood. En varias de ellas el final es ambiguo, lo que nos proporciona la oportunidad de emprender debates interesantes y animados.* Dos o tres de estas películas terminan felizmente, pero las demás sólo se pueden describir como tragedias: heroicas unas, otras basadas en principios arraigados, y algunas de ellas simplemente inconsecuentes.

En la mayoría de ellas existe un equilibrio entre el realismo, el humor y el gozo, incluso la magia, puesto que todo ello forma parte de la vida. Es difícil observar un mejor uso de la magia que en el realismo mágico de Latinoamérica. Un ejemplo notable de este fenómeno es la película *Como agua para chocolate*, una historia que combina el humor, la magia y la tragedia de forma poderosa. El humor en el cine aparece, a través de la literatura, como «desahogo cómico» de la tensión de escenas fuertes. Pero este desahogo puede ir en ambas direcciones: también puede ser la luz que precede a la oscuridad. El clásico ejemplo cinematográfico del conflicto entre «noches alegres, mañanas tristes» es obvio en una noche de éxtasis y abandono sexual, seguido de la dura realidad a la mañana siguiente, cuando está claro que todo ha sido un error, que no va a haber un final feliz. Este fenómeno es evidente en *Carmen*, donde una noche de encendida pasión desemboca en una mañana de brutal realidad. El cine hispánico nos muestra «mañanas tristes» muy realistas, incluso fatales.

La película como código

Cuando se trata de cine, es preciso tener en cuenta que no siempre es fácil asimilar lo que vemos. Esto ocurre a muchos niveles, algunos de ellos puramente cinematográficos. Por ejemplo, el montaje de una película nos puede dar la impresión de que dos acciones son simultáneas, aunque en realidad no

---

* En estos casos, se puede asumir que la intención del director es la de guiarnos, tras haber visto la película, hacia un café, con un grupo de amigos, en busca de un intercambio estimulante de opiniones: «¿Qué acabamos de ver?»

lo sean. Pero, en este contexto, existe aún otro sentido. Mucho, aunque no todo, de lo que vemos en la pantalla es «código», es decir, que no se debe interpretar literalmente, sino como metáfora, como símbolo de algo más. Excepto en un documental, prácticamente todo se presenta en código. Cuando vemos una película, es importante comprender este código preguntándonos no sólo: «¿Qué está pasando?» sino también: «¿Cuál es su significado dentro del contexto de la película?»

En *Carmen,* cuando la bailaora[1] aparece de repente frente a una puerta corredera de metal con barras, se trata de código: está en una prisión, pero no encarcelada. Lleva ropa de calle y el guarda que abre la puerta está a su lado. Ella entra y abraza al hombre que tiene enfrente. También es código: No sabemos quién es él, pero está claro que es alguien importante para ella. Al día siguiente, presenta a su esposo y dice que él acaba de salir de la cárcel: «¿No es divino?» Suponemos que es el final de la metáfora, pero no lo es. El marido representa los celos que Antonio siente respecto a Carmen, una idea que más tarde vemos consolidada cuando Antonio aparece ensayando un tenso número de baile para la producción de estilo flamenco.

El cine y la política (España)

En algunas ocasiones, es preciso dar en código el mensaje de la película, no sólo por razones artísticas, sino para impedir que le resulte obvio a la censura oficial que busca motivos para cortar ciertas escenas o prohibirlas en su totalidad. Por lo tanto, parte de la tensión del cine hispánico es precisamente el delicado equilibrio que hay que mantener entre la creatividad artística y la proscripción política. Las películas de Cuba y España son buenos ejemplos de este fenómeno.

Durante la guerra civil española, e inmediatamente después, sólo se hacían películas que glorificaban al dictador Francisco Franco. Es fácil subestimar el impacto de cuarenta años de censura cinematográfica, así como sus absurdas y evidentes manifestaciones. Los guionistas y directores que intentaban mandar un mensaje político, solamente podían hacerlo mediante vagas referencias (usando código, por ejemplo), sin mencionarlo abiertamente.

La Caza (1965), de Carlos Saura, en apariencia trata de la caza del conejo. Sin embargo, es un estudio psicológico de tres ex combatientes del ejército, mentalmente trastornados por haber participado en una guerra sin nombre (la guerra civil, a la que no se podía hacer referencia). Los cazadores hablan de La Guerra y de la emoción que habían sentido cazando hombres en lugar de animales. Terminan por matarse entre ellos. Para Saura, está claro que los cazadores han sufrido las consecuencias del fracaso del régimen franquista; ya no creen en éste, lo que significa que también la guerra fue una pérdida total. Los censores, quienes aparentemente no comprendieron el mensaje de la película, sólo exigieron que se cortaran algunas escenas de la caza de los conejos.

---

[1] bailadora

Durante la época de Franco, muchas películas eran censuradas o prohibidas. *Gone with the Wind* (*Lo que el viento se llevó*) no se pudo estrenar hasta aproximadamente veinte años después de su aparición en los Estados Unidos. A veces, la restricción era tan ilógica, que sugería que los censores no se habían molestado en ver la película. *Some Like It Hot* fue prohibida debido al papel de «maricones» de Jack Lemmon y Tony Curtis vestidos de mujer. Otras veces, la junta de censores escribía un nuevo guión. En *The Getaway*, Steve McQueen se fuga a México; en la «políticamente correcta» versión española, un narrador explica que el personaje fue atrapado por la policía y encarcelado. El doblaje de películas extranjeras resultaba en situaciones absurdas y frecuentemente confusas, difíciles de interpretar. Dado que no se podía aludir a ningún tipo de relaciones sexuales prematrimoniales, o fuera del matrimonio, era inaceptable el implicar que una mujer tuviera un amante. Es decir, si la mujer de la película extranjera tenía relaciones adúlteras con un hombre, éste aparecía como su «hermano» en el doblaje.

Por supuesto, si era necesario permitir alguna implicación de carácter sexual, siempre era preferible que las actrices fueran extranjeras, dado que su moralidad se consideraba dudosa. No es una coincidencia que la primera persona que apareció en bikini en una película en España fuera la actriz sueca Elke Sommer en 1962. No era por falta de interés por parte del público; en la ciudad de Perpignan, Francia, situada cerca de la frontera española, se vendieron ciento diez mil entradas para la película *Last Tango in Paris* en 1973, a pesar de que la población de la ciudad era tan sólo de cien mil habitantes. Pero la censura en España, como el ambiente político en general, cambiaba constantemente, pasando de una dictadura a lo que a veces se llamaba una «dictablanda». Para 1974, el año anterior a la muerte de Franco, la actriz española Amparo Muñoz (Miss España y Miss Universo) consiguió gran fama al ser la primera mujer en quitarse el sujetador en una película española (*Tocata y fuga de Lolita*).

 ## El cine y la política (Cuba)

La revolución de Castro ha sido, curiosamente, selectiva e inconsistente. Aunque los creadores de *Fresa y chocolate* han usado cautela para evitar una crítica abierta de la revolución en sí, la película contiene un gran número de referencias a una variedad de problemas sociales en Cuba: la discriminación contra disidentes políticos y contra homosexuales, la prohibición de la práctica de la religión católica, el acecho de las actividades del vecindario por las «vigilancias» y la casi total involucración de los cubanos en el mercado negro.

No obstante, la película no fue considerada como una crítica. El diez de diciembre de 1993, al cierre de la ceremonia del Festival Internacional de Nuevo Cine Latinoamericano en La Habana, a *Fresa y chocolate* le fue otorgada la mayoría de los premios más prestigiosos. Más tarde, en el Palacio de la Revolución, Fidel Castro dio una recepción para los invitados al festival y, como postre, se sirvió helado de fresa y de chocolate. ¿Fue esto una especie de reconocimiento, por parte de Castro, a la película, así como un indicio de una actitud más tolerante por parte de su gobierno? Según el director Gutiérrez Alea, probablemente sólo se trató de una forma de celebrar el hecho de que una película cubana llamada *Fresa y chocolate* hubiera obtenido un premio. Aquella misma noche, Castro invitó a Alea y al elenco a tomar unas copas con él; en el transcurso de la conversación, los comentarios de Castro revelaron claramente que no había visto la película.

Gutiérrez Alea simboliza la lucha por la libertad de expresión artística en Cuba, y tanto él como su trabajo han conseguido cierto respeto. Pero no siempre fue tan fácil. A menudo le resultaba imposible viajar, incapaz de conseguir el apoyo necesario para sus películas. A pesar del bajo presupuesto de *Fresa y chocolate,* cuando ésta se rodó, Cuba atravesaba por una crisis económica que habría hecho imposible su producción, a no ser por el apoyo de México y España como países coproductores. El Instituto de Cine Cubano le pagaba a Gutiérrez Alea cinco dólares al mes.

Lo que más le preocupaba a Gutiérrez Alea, y lo que él consideraba el verdadero tema de su película, era la intolerancia. Intolerancia ante todo lo que era diferente, antirrevolucionario, extranjero o religioso. Intentó nada menos que abrirle los ojos a la población cubana (y quizá también al gobierno) frente a la limitada, cerrada y sofocante sociedad que habían creado.

 ## Lo esencial

Y finalmente, ¿por qué produce tanta satisfacción el cine hispánico? Por su humanidad. Porque nos reconocemos a nosotros mismos en sus personajes. Porque sus emociones abarcan[2] toda la gama, desde la pasión hasta la desesperación, sin caer en el melodrama y perder la sutileza. Porque extrae sus inolvidables personajes de la increíble diversidad del pueblo hispánico: una muchacha de 13 años que lo observa todo; un profesor de matemáticas tan dedicado que acaba por convertirse prácticamente en uno de sus estudiantes; un estudiante conservador, joven y tímido, que encuentra un amigo leal en un artista homosexual; un magnífico profesor de baile que se deja destruir por una mujer voluble;[3] una enana[4] que resulta ser más fuerte e imponente que todos los que la rodean. Son humanos, son creíbles y, al final, captan nuestra imaginación y nuestro afecto.

Actividades

Además de la conversación, existen otras formas de explorar los temas de las películas que va a ver. En esta sección se examinan tres alternativas: el debate, el panel de expertos y la crítica escrita.

 ## El debate

1. Definan, entre todos, el problema de manera que se pueda debatir. Empiecen con el estilo tradicional del debate, es decir, escribiendo en la pizarra lo que requiere una proposición concisa y clara. Tomen como

---

[2] *cover* (*include*)
[3] *fickle*
[4] *dwarf*

ejemplo la siguiente proposición con respecto a la controversia sobre la última y muy ambigua escena de *Carmen*.

Proposición: Que en la última escena de la película *Carmen*, Saura nos sugiere que Antonio, el director de la obra flamenca, mata a la bailaora Carmen, la actriz que hace el papel de la Carmen en la misma obra.

2. Formen dos equipos de tres o cuatro personas.

3. Un equipo defiende la proposición y, por lo tanto, se llama el equipo de la proposición, o simplemente «la proposición»; el otro es «la oposición».

4. Como preparación, cada equipo discute entre sí cómo va a definir «real» en el contexto de la escena, en el cine en general y en el debate. También tiene que distinguir claramente lo real de lo ficticio. Si no, los argumentos pueden resultar confusos.

5. Cada equipo hace una lista de toda la evidencia que consiga, para así apoyar su posición. Incluyan en su evidencia lo circunstancial: la situación en el estudio en ese momento, la música de fondo, etcétera.

6. Una forma tradicional de organizar un debate consiste en las siguientes partes, *aunque puede haber muchas variantes.*

1	*Primer argumento*	Proposición
2	*Primer argumento*	Oposición
3	*Refutación* (rebuttal)	Proposición
4	*Refutación*	Oposición
	Preguntas de la clase	*a los presentadores de 1 a 4*
5	*Segundo argumento*	Proposición
6	*Segundo argumento*	Oposición
7	*Sumario y última refutación*	Proposición
8	*Sumario y última refutación*	Oposición
	Preguntas de la clase	*a los presentadores de 5 a 8*
	Votación de la clase:	*¿Quién ganó?*

 ## El panel de expertos

Un panel (al contrario de un debate) es apropiado en situaciones en las que existen más de dos formas de interpretar la misma cuestión. En el caso de la historia de Camila, por ejemplo, los «expertos» pueden presentar evidencia que apoye varios puntos de vista sobre quién o quiénes son los responsables del trágico desenlace. Es posible que los incriminados sean varias personas, o grupos de personas, pero nadie en particular.

Una discusión entre panelistas es más informal que un debate, provocando generalmente una conversación más animada. A continuación encontrará un posible formato.

1. Cada panelista presenta su argumento brevemente y la evidencia que apoya su caso. Tras la presentación introductora, el resto de la clase y los panelistas pueden hacerle preguntas a la persona que acaba de hablar.

2. Una vez terminadas las presentaciones, la clase le hace preguntas directamente a cualquiera de los panelistas, y éstos pueden interrogarse también entre ellos.

3. Al final de la sesión, la clase vota por el argumento más convincente o el más verosímil.

Es buena idea ponerse de acuerdo sobre el límite de tiempo, tanto para las presentaciones como para los interrogatorios.

La crítica por escrito

Después de ver y discutir la película, el escribir una breve crítica le va a resultar más fácil a Ud. No se trata de hacer un resumen de la trama ni de contestar las preguntas ya disputadas. El propósito es más bien contestar una pregunta: ¿Recomendaría Ud. esta película a otros aficionados al cine o no? Explique por qué sí o por qué no. No es suficiente decir: «Porque me gustó.» Piense en lo que dirían los críticos e intente convencer al lector / a la lectora de que debe ver la película o de que no merece la pena verla.

Guía para la crítica por escrito

1. Una película es una obra de arte. Piense en lo que el/la artista (el director / la directora) hizo bien o mal. Por ejemplo: ¿Qué personajes (no) resultaron verosímiles (creíbles)? La estructura de la obra, ¿hizo que la película resultara más interesante o más confusa? ¿Sigue la trama una pauta lógica u ocurren cosas que no son relevantes? Si Ud. pudiera hacer algunos cambios, ¿cuáles serían?

2. Aunque el propósito de su crítica es comentar lo que le gustó y lo que no le gustó, intente hacerlo de una manera impersonal. Es decir, trate de ser el «crítico invisible». El lector se dará cuenta de su actitud hacia la película por la información que Ud. le da y no por su presencia. Compare las siguientes declaraciones.
   • Me gusta *Carmen* porque me enseña mucho sobre el baile flamenco.
   • *Carmen* nos enseña mucho sobre el baile flamenco.

3. El concepto del «crítico invisible» se aplica también a las emociones personales, las cuales no suelen expresar concretamente lo que uno quiere decir. Compare, por ejemplo, estas oraciones.
   • Carmen le habla a Antonio de una manera horrible. [¿Qué significa «horrible»?]
   • Carmen le habla a Antonio de una manera engañosa y provocadora, sin ningún respeto.

4. Al referirse a una película o a una novela, se usa el tiempo presente porque la obra todavía existe; por ejemplo, **es** una película interesante. Cuando Ud. hace referencia a su reacción a la película, use el tiempo apropiado: La primera vez que la **vi**, no me **gustó**; ahora me **gusta** más.

5. Para hablar de la acción que tiene lugar dentro de la película, use los tiempos apropiados. Cuando Antonio **se enteró** de lo que **pasaba, se puso** furioso. Si es algo que ocurre con frecuencia, use el presente: Carmen le **miente** a Antonio constantemente.

6. No use la crítica como base de un ensayo filosófico que mencione sólo de vez en cuando las cualidades de la película. Eso lo puede hacer cuando escriba una crítica de cinco páginas para el *New Yorker*.

7. Como dice el dicho español: «Lo bueno, si breve, dos veces bueno.» [5]
   Tampoco debe ser demasiado breve, claro. Diga lo que tenga que decir
   y pare. Lea lo que ha escrito y pregúntese:

   > ¿He repetido algo que ya había escrito antes?

   > ¿He escrito algo que sólo sirve para alargar la crítica, sin contribuir a
   > la expresión de mis ideas?

   Si la respuesta es «sí», bórrelo.

---

[5] Lo... *What's good, if brief, twice as good.*

La traición

*L*a traición se refiere a traicionar la confianza que una persona deposita en otra.

- Alicia (*La historia oficial*) se da cuenta de que ya no puede fiarse de su esposo sobre la verdad del origen de lo que más le importa en la vida: su pequeña hija, Gabi.

- Cuando el tío de Tristana abusa de la confianza que la muchacha ha depositado en él y se aprovecha de ella, la joven acaba por odiarlo, e incluso llega a desearle la muerte.

- Carmen traiciona a Antonio al serle infiel y al actuar como si la infidelidad no tuviera importancia, algo que él considera intolerable.

En cada uno de estos casos, como en la vida real, la persona traicionada se encuentra en una posición vulnerable, debido al afecto o amor que siente por la otra persona.

✴ **La historia oficial**

✴ **Tristana**

✴ **Carmen**

1

La historia oficial

Luis Puenzo, 1985

 **I Antes de ver la película**

Tras el golpe militar de 1976, Argentina atravesó siete años de terror, conocidos como «la guerra sucia», una época en la que cualquier persona podía ser tachada[1] de «subversiva» y ser arrestada, generalmente en el silencio de la noche. De ahí viene el término «los desaparecidos», que se refiere a «los que desaparecían», quienes eran torturados hasta que revelaban los nombres de otros «subversivos». Se estima que unos treinta mil argentinos desaparecieron en esa época. Entre ellos había miles de niños, incluso cientos de bebés nacidos de madres encarceladas.[2] Se rumoreaba que, como mínimo, doscientos de estos bebés habían sido adoptados por miembros o simpatizantes de la junta militar.

Director argentino Luis Puenzo (1945–)

Basada en la vida de una pareja que residía en Buenos Aires durante la guerra sucia, *La historia oficial* fue filmada al final de esa guerra, en 1983, con la intención de lanzar[3] una dura crítica contra la junta y sus tácticas.* *La historia oficial*, la primera película del director argentino Luis Puenzo, tuvo gran aceptación, tanto la película en sí como el acto de coraje político que implica. Es una de las pocas obras que consiguen establecer una fuerte afirmación[4] política en el marco de una historia convincente. En 1985, se le otorgó el Oscar a la mejor película extranjera.

Otras películas sobre política argentina: *Camila; Un lugar en el mundo*.

El ambiente cultural

Argentina ha sido gobernada por una serie de dictadores y gobiernos militares, entre breves períodos de relativa democracia. El dictador Juan Perón controló al país desde 1946 hasta 1955, cuando fue derrocado por una junta

hablando del tema...

¿Cree Ud. que es posible que una mujer cuyo esposo trabaja para el gobierno no sepa lo que está haciendo el gobierno, es decir, que viva ignorando totalmente lo que pasa? ¿Por qué sí o por qué no?

militar. Tras la muerte de su primmera esposa, Evita,* y su exilio en España, Perón volvió al poder en 1973 y contrajo matrimonio con una cabaretera[5] llamada María Estela (Isabelita). A la muerte de Juan Perón, nueve meses después, fue Isabelita quien asumió el poder. Tres años más tarde, su corrupto y desorganizado gobierno fue derrocado por un golpe militar. Con este golpe comenzó la «guerra sucia».

Al disminuir la violencia en 1983, el gobierno civil electo de Raúl Alfonsín nombró una comisión para investigar los abusos de los siete años previos e indagar[6] sobre «la historia oficial». Lo que descubrieron fue aterrador. Habían detenido a gente que más tarde había desaparecido, solamente porque se parecía, hablaba igual o vivía en el mismo edificio que la persona a quien buscaban. Otros habían sido arrestados por hablar con sospechosos en un momento inoportuno, o simplemente por encontrarse en ciertos lugares considerados inaceptables. Un joven argentino fue detenido, según el informe de la comisión, «al verse comprometido por bailar con una extremista en una fiesta»; nunca se le volvió a ver. Dos muchachos de 17 años de edad desaparecieron tras su detención por pintar graffiti en paredes públicas. Son innumerables las personas que nunca se volvieron a ver. Nadie había podido explicar estas desapariciones hasta hace poco tiempo, cuando un oficial de la marina argentina admitió en el programa *Sixty Minutes* que no menos de nueve mil prisioneros habían sido transportados en aviones de carga a gran distancia sobre el mar y lanzados vivos al agua.

Varios miembros de la junta fueron procesados tras la publicación de *Nunca más,* el informe de la investigación por parte del nuevo gobierno. En 1985, nueve oficiales militares comparecieron ante seis jueces, acusados de un total de setecientos once casos individuales de secuestro, tortura y asesinato. Entre los casos presentados figuraba el de Liliana Pereyra, una estudiante universitaria de 20 años de edad en la época en que desapareció. Según los acusadores, la joven era una «subversiva» que había muerto en un tiroteo[7] con los soldados del gobierno. No obstante, un examen forense que se llevó a cabo tras desenterrar sus restos mortales en 1983 demostró que había muerto de un tiro de escopeta[8] en la cabeza, a corta distancia. También se comprobó que Liliana tenía cinco meses de embarazo cuando fue secuestrada, y que el embarazo llegó a su término. Nunca se hallaron los restos de la criatura.

La trama

Nos encontramos en Buenos Aires, casi al final de la guerra sucia. Alicia es profesora de historia argentina en una escuela preparatoria para chicos. Su marido, Roberto, viene de una familia modesta, de la clase baja, que vive en el campo. El tiene cierta relación con el gobierno debido a su trabajo. Roberto y Alicia viven en un piso de la clase alta con una criada y con su hija adoptiva, Gabi (Gabriela), de 5 años de edad.

Alicia, como muchos otros que residían en Argentina durante aquel período de actividades clandestinas, vive feliz e ignorante de la guerra sucia que tiene lugar a su alrededor. Cuando su antigua amiga Ana vuelve a Buenos

---

[5] mujer que actúa en un cabaret
[6] investigar
[7] *shootout*
[8] tiro... *shotgun blast*

* La reciente película *Evita* nos narra la historia de la primera esposa de Juan Perón, Evita.

Aires, tras muchos años de exilio del régimen represivo, Alicia empieza a comprender la historia, no la oficial, sino la historia real. Este proceso la cambiará para siempre.

La película comienza en la escuela donde Alicia enseña. Es el principio del curso. Después de que todos hacen una pausa afuera para cantar el himno nacional, la clase de Alicia desfila hacia el aula y ella empieza a pasar lista.[9] Más tarde, nos encontramos en el piso de Alicia y Roberto, donde Gabi está tomando un baño de burbujas[10] mientras canta.

hablando del tema...

¿Qué es un «subversivo»?
¿Por qué les conviene a los militares llamar «subversivos» a todos los que se oponen a su régimen?

Para pensar

Las siguientes preguntas se basan en observaciones relacionadas con la primera parte de la película, para ayudarle a penetrar en la obra y a comprender el carácter de los personajes que va a ver. Dado que las respuestas van a ser en su mayor parte subjetivas, se recomienda que las comente con sus compañeros.

1. Localice las Islas Malvinas (*Falkland Islands*), en la costa sur de Argentina. Estas islas son mencionadas varias veces en *La historia oficial*, en conexión con una breve guerra que tuvo lugar durante la época en que se desarrolla la historia (1982). ¿A quién le pertenecen las islas? ¿Cuál fue la causa de la guerra? ¿Por qué cree Ud. que dicha guerra fuera considerada como una vergüenza para la junta militar?

2. ¿Le parece extraño que una madre adoptiva no pregunte, ni quiera saber, quiénes eran los padres naturales del niño / de la niña que ha adoptado?

3. Es posible que Ud. haya oído hablar de las Madres de la Plaza de Mayo. En su mayoría, son abuelas que comenzaron las demostraciones de protesta en 1977 y continuaron haciéndolas por lo menos durante quince años. ¿Sabe lo que exigían del gobierno?

4. En la década de los ochenta, el cantante inglés de música pop, Sting, grabó una canción, «*They Dance Alone*», del álbum titulado *Nada como el sol*. En ella, habla de tristeza, soldados de mal semblante y, especialmente, de mujeres bailando con hijos, esposos y padres invisibles —es decir, de mujeres que bailan solas. Aunque esta alegoría podría serle aplicada a Argentina o a Chile, ¿cree Ud. que la letra de la canción se refiere a los desaparecidos? En tal caso, ¿hace alguna sugerencia respecto a la razón por la cual le interesaría a Sting un problema que, actualmente, es tan ignorado en el hemisferio norte?

5. La Iglesia católica en Argentina prestó su apoyo a la junta militar durante la guerra sucia, de la misma forma que apoyó a Franco durante los cuarenta años que duró su dictadura en España. ¿Cómo se explica esta actitud por parte de la Iglesia?

6. Bajo el mando de Alfonsín, varios militares argentinos fueron arrestados como criminales de guerra por actos cometidos durante la guerra sucia. Tres años después, Carlos Menem, el sucesor de Alfonsín, les concedió la amnistía a todos los oficiales militares encarcelados. Justifico su

---

[9] pasar... *take roll*
[10] *bubbles*

acción diciendo que lo mejor era olvidar esas cosas, que no se conseguía nada con mantener a los oficiales en la cárcel. ¿Opina Ud. que tenía razón Menem? ¿Deniega la decisión de Menem el motivo por el que se llevaron a cabo los procesos de Nuremberg en Alemania?

7. Ud. Va a observar algunas diferencias en el español que se habla en Argentina. Preste especial atención al uso de *vos* en vez de *tú* y al sonido [zh] (como en la sílaba final de la palabra *mirage* en inglés) en lugar de [y] o [ll] en palabras como *yo* y *calle*, por ejemplo. Finalmente, observe que muchos de los personajes de la película usan la palabra italiana *ciao* en vez de *adiós*. ¿A qué cree Ud. que se debe el uso común de esta palabra en Argentina?

Predicción

Basándose en lo que sabe hasta este punto por medio de la información que se le ha dado y por sus propias deducciones, escriba una breve predicción respecto al desenlace de esta historia. Tras haber visto la película, compare su predicción, y las de sus compañeros, para ver si coinciden con el final verdadero.

_____

_____

_____

_____

_____

_____

_____

_____

 II Después de ver la película

Las escenas

Las siguientes preguntas sobre las escenas van acompañadas de vocabulario que aparece por varias razones. Las palabras pueden extraerse del diálogo hablado o de elementos visuales clave de la escena. Se dan aquí porque necesitan ser traducidas o porque pueden servir de recordatorio sobre lo que está ocurriendo, para ayudarle a comentar la escena en sí.

1. La clase: primer día

los altavoces	_loudspeakers_
el himno nacional	_national anthem_
advertir	**avisar,** _to warn_
pasar lista	_to call roll_
regalar las notas	_to give away good grades_

A ¿Qué impresión tiene Ud. de los estudiantes de la clase de Alicia?
B ¿Qué tipo de profesora es Alicia?

2. En casa de Roberto y Alicia

la espuma	_foam, lather_
la muñeca	_doll_

A ¿Qué tipo de personas son Roberto y Alicia? ¿Se parecen en temperamento e intereses?
B La canción que canta Gabi parece ser típica de las que se les cantan a los niños. ¿Cree que tiene algún significado especial en este contexto?

Parte de la canción:

En el país de no-me-acuerdo,   _No recuerdo si lo di,_
Doy tres pasitos y me pierdo,   _Un pasito para allá,_
Un pasito para allí,   _Ay, que miedo que me da..._

3. La fiesta

Roberto y Alicia reciben una invitación para asistir a una fiesta organizada por los compañeros de trabajo de él.

el cornudo	**hombre cuya mujer le es infiel**
el imbécil	**idiota**
la jodida (_vulg._)	_bitch_
Miller	**un americano**

la mujer estéril **mujer que no puede tener hijos**

la puta (*vulg.*) *whore*

Ⓐ «Se perdió una batalla, no la guerra.» ¿De qué guerra está hablando?

Ⓑ La señora que habla tanto durante la fiesta, le pregunta a Roberto si estuvo presente cuando nació su hija. ¿Por qué le pregunta eso?

Ⓒ ¿Por qué le dice a Alicia que «no es muy moderna»?

4. Una reunión de amigas

Alicia asiste a una comida con varias compañeras de la escuela secundaria.

los subversivos **los que intentan derrocar al gobierno**

compadecer *to pity*

hogar dulce hogar **la comodidad de estar en casa** (*home sweet home*)

despreciable compañerita
(*pejorative diminutive*) *despicable schoolmate*

inolvidable hija de puta *unforgettable bitch*

¿Por qué no te vas un
poco a la mierda? *Why don't you go to hell ("just a little")?*

todo de golpe **de repente**

Ⓐ ¿Quién está tocando el piano cuando entra Alicia?

Ⓑ ¿De quién hablan cuando dicen: «Así que sus dos hijos eran subversivos»?

Ⓒ Dora, la mujer del vestido rojo: ¿En qué se diferencia su propia experiencia de la de Ana?

Ⓓ Alicia le pregunta a Dora: «¿... y vos, cómo sabés que son subversivos?» Dora le responde: «... si se los llevaron, por algo habrá sido, ¿no?» ¿Qué implica este comentario?

5. Ana en casa de Alicia

Alicia invita a su amiga a cenar a su casa.

la escoba *broom*

el licor de huevo *eggnog*

la violación *rape*

secuestrar **llevarse a una persona contra su voluntad**

ahogado/a *drowned*

entraron a patadas *they kicked the door down*

me pegaron un culetazo *they hit me with a rifle butt*

te ha pulido los bordes *it has polished your edges*

tu amiga solidaria *close friend*

tu amiga solitaria *friend living alone*; **Gabi no puede pronunciar «solidaria»**

Ⓐ ¿Qué tipo de persona es Ana?

Ⓑ ¿Cuál es la actitud de Roberto hacia Ana? ¿Por qué? ¿Qué piensa Ana de Roberto?

Ⓒ Alicia le pregunta a Ana: «¿Por que no me avisaste que te ibas?» ¿Qué le responde Ana?

Ⓓ ¿Quién es Pedro? ¿Por qué torturaron a Ana?

6. El cumpleaños de Gabi

Alicia organiza una fiesta de cumpleaños para Gabi.

el cuñado	*brother-in-law*
el mago	*magician*
los rifles de juguete	**rifles de plástico**
silbar	*to whistle*
yo renuncio	*I quit*

Ⓐ ¿Por qué abandona Gabi la fiesta para irse a su habitación?

Ⓑ ¿Por qué se asusta tanto Gabi en la fiesta de cumpleaños? ¿Es una reacción normal?

7. La clase: rebeldía

Alicia entra en su clase. Ve en la pizarra fotos de desaparecidos. Un estudiante recita de un documento prohibido. Después de clase, Alicia lleva al profesor de literatura en su coche.

la complicidad	*complicity, collaboration*
el expediente de Costas	*Costas's file*
las Madres de la Plaza de Mayo	**madres y abuelas que buscan a sus hijos y nietos**
estoy apurada	*I'm in a hurry*

Ⓐ ¿Por qué están tan interesados los estudiantes en lo que les está leyendo otro estudiante?

Ⓑ ¿Es aceptable exponer en público fotos de desaparecidos?

Ⓒ ¿Qué es lo que ve Alicia cuando llega al centro de la ciudad?

8. En la oficina de Roberto

Alicia visita a Roberto en su oficina. Más tarde lo acompaña al aeropuerto.

el ascensor	*elevator*
la caravana	*caravan* (**una fila de coches**)
los extranjeros	*foreigners*
el frenazo	**acto de frenar bruscamente**
despedirlo	*to see him off*

En la oficina

Ⓐ ¿Por qué está tan nervioso y enojado el Sr. Macci?

Ⓑ ¿Por qué menciona Macci la posibilidad de ir a la cárcel? ¿Cómo lo trata Roberto?

Ⓒ Uno de los hombres le dice a Macci: «Es un país civilizado, hombre.» ¿Por qué le dice eso?

Ⓓ ¿Por qué hay tantos norteamericanos en la oficina?

Ⓔ ¿Cómo reacciona Alicia ante lo que está sucediendo?

Ⓕ Al salir, Alicia ve al Sr. Macci en una de las oficinas. ¿Qué está ocurriendo?

El viaje al aeropuerto

Ⓖ Los que tienen puestos de importancia en el gobierno van a todas partes a mucha velocidad, en caravanas de tres o cuatro coches de la marca Ford (modelos Falcon o Fairline). ¿A qué se debe esta forma de circular por la ciudad? ¿Por qué tantos coches? ¿Por qué tantos frenazos?

ⓗ En el coche, el General le pregunta a Alicia sobre sus clases de historia. Mientras tanto, Alicia esconde los papeles y las fotos que había recogido de la pizarra. ¿Por qué?

ⓘ ¿Qué le aconseja Roberto a Alicia justo antes de subir al avión? ¿Qué le incita a hacerlo?

9. En busca de la verdad

Alicia empieza a buscar información sobre el verdadero origen de Gabi.

la búsqueda	*search*
la caja de recuerdos	*memory box*
el certificado de nacimiento	*birth certificate*
la mecedora	*rocking chair*
la misericordia	*compassion*
los padres adoptivos	**los que han adoptado niños**
la sala de partos	*delivery room*
la primogénita	*first-born*
el signo de ortolani	*slight dislocation of the hip at birth*
la tumba	*grave*
Su infinita sabiduría	*His infinite wisdom*
te absuelvo	*I absolve you*

En casa

Ⓐ ¿Cómo reacciona Alicia al ver la ropa de bebé que contiene la caja? ¿Qué tipo de ropa es? ¿En quién está pensando Alicia?

El hospital

Ⓑ ¿Por qué es tan fuerte su reacción al ver y oír a una mujer con dolores de parto?

Ⓒ En la sala de espera del hospital, ¿qué le dice la mujer a Alicia? ¿Por qué?

El confesionario

Ⓓ Alicia le habla al cura de su propia infancia. ¿Qué le ocurrió? ¿En qué se parece su vida a la de Gabi? ¿Por qué le resulta tan difícil ahora creer lo que le dicen?

Ⓔ ¿Quién dice que Dios es «biónico»? ¿Por qué?

Ⓕ ¿Qué había pensado siempre Alicia sobre la madre de Gabi?

Ⓖ El Padre menciona «peligros a los que [Gabi] podría estar condenada». ¿De qué habla?

ⓗ Alicia le hace preguntas al sacerdote para ver si sabe la verdad sobre Gabi. ¿Qué le responde él?

El médico

ⓘ ¿Qué significado tiene para Alicia el «signo de ortolani»? ¿Qué otra información desea obtener?

10. En casa de los padres

Un domingo en el campo en casa de la familia de Roberto

los hijos de puta	*sons of bitches*
los langostinos	*prawns*
la plata	**el dinero**
el pronóstico del tiempo	*weather forecast*
vos no sos un perdedor	**tú no eres un perdedor**

Ⓐ El padre de Roberto dice que ser rico no es ningún honor en sí, que depende de lo que hayas hecho para conseguir el dinero. «Los únicos ladrones no son los que aparecen en la tele.» ¿A quiénes se refiere?

Ⓑ ¿Qué quiere la madre de Roberto que le prometa éste cuando llega?

Ⓒ ¿Qué dice Enrique (el hermano de Roberto) cuando Alicia menciona a los bebés de los desaparecidos?

Ⓓ ¿Cómo comienza la disputa cuando están sentados a la mesa? ¿De qué se trata en realidad?

Ⓔ Enrique intenta defender a Roberto. ¿Cómo reacciona éste? ¿Por qué?

Ⓕ El padre le dice a Roberto: «A veces pienso que te entenderíamos mejor si fueras un borracho.» ¿Qué quiere decir?

Ⓖ ¿Por qué insiste Roberto en que él no es un perdedor?

Ⓗ ¿A qué «otra Guerra» se refiere Enrique? Según él, ¿quién la perdió?

11. La nueva Alicia

Vemos que Alicia ha cambiado de actitud —y de aspecto físico.

la burguesa	*upper middle–class woman*
un nueve	**en un sistema de calificaciones de 0 a 10, es equivalente a A—**
conmovedor(a)	*touching*
¿En qué texto se basa?	*What is the bibliographical reference?*
ir a la mierda	*to go to hell*
le cortaron la lengua	*they cut off his tongue*
recurrir a la documentación	*to refer to written documents*
tienes el pelo suelto	*you let your hair down*
todo se me viene abajo	*everything's coming apart for me*

En casa

Ⓐ Alicia trabaja en su investigación. ¿Qué cambio nota Roberto en ella? ¿A qué se refiere Roberto cuando dice: «No hay nada que celebrar»?

En clase

Ⓑ Horacio Costas recibe su trabajo de investigación y también algunas sugerencias para mejorarlo. ¿Qué es lo que le sorprende?

En el café

Ⓒ Alicia habla con Benítez, el profesor de literatura. ¿De qué están hablando?

ALICIA: Parece que todo se viene abajo.
BENÍTEZ: Y se viene abajo... A Uds. les gustaría que terminara ahí.
ALICIA: Benítez, ¿quiénes son «Uds.»?
BENÍTEZ: No hay nada más conmovedor que una burguesa con conciencia.
ALICIA: ¿ ...Por qué no te vas un poco a la mierda?

12. Revelaciones

Alicia sigue en busca de la verdad. A veces descubre cosas que no quiere saber.

los novios	*engaged couple*
los tacones (altos)	*high-heeled shoes*

las trenzas	*braids*
denunciarme	*to turn me in*
¿En qué andas?	*What are you up to?*
se hunde el barco	*the ship is sinking*
no tiene nada que ver	*it has nothing to do (with)*

En casa

Ⓐ Roberto observa que Alicia ha cambiado, que está metida en algo. ¿En qué? ¿Admite Roberto que él sabía que Ana tuvo que salir del país porque vivía con un «subversivo»?

En el café

Ⓑ Sara le enseña fotos a Alicia. ¿De quiénes son?

Ⓒ Dice Sara: «Nadie pudo separarlos.» ¿A quiénes se refiere?

Ⓓ «No quedó nada. Sólo estas cuatro fotos... y nuestra memoria.» ¿Qué había pasado?

Ⓔ Durante todo el tiempo que Sara está hablando, Alicia no dice nada. ¿En qué estará pensando...?

En el garaje de la oficina

Ⓕ ¿Por qué quiere enfrentarse Ana con Roberto? ¿Admite Roberto que fue él quien la denunció?

13. El conflicto

En casa, Roberto está muy nervioso. Alicia está preocupada.

la nena	**la niña**
la trampa	*trap*
colgar el teléfono	*to hang up the phone*
descolgar el teléfono	*to pick up the receiver*
infeliz	**ignorante, imbécil**
esa vieja (*pej.*)	**esa mujer**
no tengo nada que ver	*I don't have anything to do (with it)*

Ⓐ ¿Por qué deja Roberto el teléfono descolgado?

Ⓑ ¿Por qué duerme Alicia con Gabi?

Ⓒ ¿Por qué trae Alicia a Sara a su casa, sabiendo cómo piensa Roberto?

Ⓓ Alicia le pregunta a Sara: «Y si Gabi es su nieta, ¿qué hacemos?» ¿Qué le contesta Sara?

Ⓔ El encuentro entre Roberto y Sara: ¿Cómo reacciona Roberto?

14. El final

Roberto y Alicia, los dos asustados y tensos, se enfrentan.

abrazar	*to hug*
cogerle la mano en la puerta	*to catch her hand in the door*
pegarla	*to hit her*
rechazar	*to reject*

Ⓐ Una pregunta de Roberto lo cambia todo: «¿Y si fuera cierto?» ¿De qué está hablando? ¿Por qué es tan importante la pregunta para Alicia? Dice Alicia: «Entonces es cierto.»

B ¿Por qué no está Gabi en casa? Alicia: «Es horrible, ¿no? No saber dónde está tu hija.» ¿Por qué dice eso?

C ¿Cómo reacciona Roberto a lo que ha hecho Alicia con Gabi?

D ¿Quién llama por teléfono? ¿Qué canta? ¿Quién la escucha?

E Mientras tanto, ¿qué hace Alicia? ¿Y después?

F ¿Qué representa la última escena?

Interpretación

1. ¿Sabe Alicia todo lo que hace (y lo que ha hecho) su esposo?

2. Ana le dice a Dora (la mujer del vestido rojo): «Han pasado muchas cosas, pero vos* estás siempre igual... » ¿Significa ese comentario algo más de lo que parece?

3. ¿Qué papel juega Ana en hacerle comprender a Alicia la realidad de la guerra sucia?

4. ¿Qué nos revela la pregunta de Alicia cuando Ana le cuenta lo del secuestro[11] de Pedro? «¿Hiciste la denuncia[12]?» Ana le responde: «¡Qué buena idea! No se me había ocurrido.»

5. ¿En qué momento de la conversación entre Alicia y Ana se da cuenta Alicia de la gravedad de lo que ha estado ocurriendo a su alrededor?

6. ¿Qué representa en la película el estudiante Costas y su búsqueda de la «verdad»?

7. ¿Qué simboliza el cambio de peinado[13] de Alicia? ¿Se observan otros cambios en ella?

8. ¿Cuánto sabía Roberto sobre el origen de Gabi que nunca le había contado a Alicia?

9. La familia de Roberto se reúne en la casa de campo. Dice su padre: «Todo el país se fue para abajo. Solamente los hijos de puta, los ladrones, los cómplices y el mayor de mis hijos se fueron para arriba.» ¿Qué quiere decir? Al otro lado de la mesa está Enrique, su hermano: pobre, pero honrado. ¿Qué nos muestra esta escena sobre el conflicto familiar?

10. Sara, la abuela de Gabi, habla con Alicia. ¿Qué significa su consejo a Alicia: «Llorar no sirve»?

11. Mientras Sara está contando su historia en el café, hay mucho ruido de fondo debido a los juegos de vídeo. ¿Tiene alguna relación esto con lo que está diciendo Sara?

12. Alicia se confiesa con el cura en el confesionario ¿Sabe él más de lo que admite? ¿Cómo sabemos eso?

13. En la escena final, Roberto, frustrado y enojado, le da una bofetada a Alicia, y le pilla[14] la mano en la puerta. Alicia siente un gran dolor y se le ve desesperada. No obstante, poco después, ve a Roberto hablando por teléfono y lo abraza. ¿Por qué?

14. Alicia se marcha, Roberto llora y la niña está segura (por el momento) en la casa de sus abuelos paternos. ¿Existe algún simbolismo en la imagen de la niña, esperando en una mecedora a que vengan sus padres? (Recuerde lo que nos contó Alicia de su propia niñez.)

15. ¿Qué ocurrirá en el futuro? ¿Cuál es el mensaje de la película?

---

[11] *kidnapping*

[12] aviso a las autoridades

[13] estilo en que se lleva el pelo

[14] coge

* La palabra *Vos* es usada en vez de la palabra *tú* en Argentina.

Actividades

1. ¿Quiénes son y cómo son?

Trabajando en parejas o en grupos pequeños, traten de identificar a estos personajes, dando una breve descripción en español.

1. Alicia _____

2. Roberto _____

3. Gabi _____

4. Rosa _____

5. Costas _____

6. Ana _____

7. Macci _____

8. Dora (la de rojo) _____

9. Enrique _____

10. Benítez _____

11. Sara _____

12. Miller _____

2. ¿Quién lo dice?

Trabajando en parejas o en grupos pequeños, traten de identificar a los personajes que dicen lo siguiente, y a quién(es) se lo dicen, en la película *La historia oficial*.

_____ 1. Llorar no sirve, señora.

_____ 2. ¿Y si fuera verdad... ?

_____ 3. Si se los llevaron, por algo habrá sido, ¿no?

_____ 4. Los únicos ladrones no son los que aparecen en la tele.

_____ 5. No hay nada que celebrar.

_____ 6. ¿Qué... ? ¿Se hunde el barco?

_____ 7. No hay nada más conmovedor que una burguesa con conciencia.

_____ 8. No quedó nada... sólo estas cuatro fotos.

_____ 9. Nadie pudo separarlos.

_____ 10. ¡Qué buena idea! No se me había ocurrido.

3. Debate: ¿A quién le corresponde la custodia de Gabi?

Al final de *La historia oficial*, no está claro quién obtendrá la custodia de Gabi, ahora que ya no vive en una familia tradicional. Se podría decir que le corresponde a sus verdaderos abuelos, sus parientes más cercanos (si se llega a establecer este hecho), los cuales la han estado buscando durante años. Por otra parte, Alicia la ha criado desde su nacimiento como si fuera su propia hija y, sin duda alguna, la quiere muchísimo.

Proposición: Que la niña, Gabi, aparentemente hija de padres desaparecidos durante la guerra sucia en Argentina, debe quedarse permanentemente con su madre adoptiva, Alicia.

Si quieren, pueden escoger otro tema apropiado para el debate,* con tal de que sea controvertible.

---

* Para recordar cómo se organiza un debate, vea en la sección, **Avance**, *El debate*.

CAPÍTULO

2

Tristana

Luis Buñuel, 1970

Director español (mexicano adoptado)
Luis Buñuel (1900–1983)

I Antes de ver la película

Luis Buñuel es uno de los grandes directores de cine. Fue el principal surrealista en su empeño por provocar y ofender al público, a fin de hacerle ver las cosas de forma no convencional. *Tristana* no es una película escandalosa, si se la compara con el estilo de sus primeras obras. En su mayor parte, parece ser una simple historia sobre la decadencia moral. Sin embargo, bajo la superficie, es una sátira oscura y penetrante. Al final, llegamos a comprender que Buñuel utiliza la narrativa directa de la película como punto de partida hacia una crítica ingeniosa y a veces dura sobre la moralidad, la religión y la hipocresía. Aunque son pocos los que actualmente la encontrarían ofensiva, la franca ironía de *Tristana* todavía resulta chocante.

Luis Buñuel pasó la mayor parte de su vida creativa en México, dada la casi total imposibilidad de trabajar bajo la censura de Franco. En 1960 volvió a España para filmar *Viridiana*, pero su estreno fue prohibido. A pesar de que los censores habían aprobado el guión y de que la película había sido nominada para el Festival Internacional de Cine de Cannes aquel año, la Iglesia expuso la materia anticlerical del filme, que incluía una parodia de *La última cena*, de Leonardo da Vinci, con la presencia de mendigos mutilados en el papel de los discípulos. Esto resultó en el mayor escándalo cinematográfico de la España de Franco.

Otras películas de Luis Buñuel: *Viridiana; Belle de jour; Ese oscuro objeto del deseo.*

El ambiente cultural

La España que se presenta en *Tristana* no es la España de hoy, pero sí es reminiscente de los cuarenta años que duró la dictadura de Franco, un período en el que existía una preocupación similar respecto a la conformidad y decencia moral. Franco murió en 1975 y, con el fin de su poder, llegó el «aperturismo», una liberalización de las normas y costumbres sociales, que veremos reflejada en películas más recientes.

La costumbre del luto también resalta en *Tristana*. Durante un período de más o menos un año después de la muerte de un miembro de la familia, se vestía siempre de negro; a veces los hombres llevaban una franja[1] negra en la manga. Una viuda, como en el caso de Saturna, solía vestir de negro el resto de su vida. El luto incluía el evitar toda demostración de alegría: la música, el baile y el cine. La mayoría de las mujeres solían permanecer en casa la mayor parte del tiempo. Esta es la razón por la cual a Tristana se le mantenía encerrada en casa.

Otra tradición arraigada en España es la de la tertulia, de la que la película nos da un buen ejemplo. Don Lope forma parte de un grupo de hombres, todos de un nivel social similar, que se reúnen regularmente, a una hora determinada, en el mismo rincón del mismo café o club, para conversar. Beben coñac o café y hablan de los temas que les interesan. A veces, también hablan los unos de los otros aunque, por regla general, el chismorreo no es lo que predomina en la conversación.

En la sociedad católica, como en el caso de España, la santidad del matrimonio y la familia siempre ha sido muy fuerte, y la Iglesia ha jugado un papel muy importante. Al morir la madre de Tristana, lo lógico era que un miembro de la familia asumiera la responsabilidad del cuidado de la joven. Asimismo, dadas las circunstancias, era de esperar que la Iglesia presionara a Tristana para que contrajera matrimonio, a fin de «santificar» su situación. Incluso don Lope, que no es una persona religiosa, tiene amigos que son curas, los cuales vienen a su casa a merendar y a conversar y, a veces, a aconsejarlo.

La trama

La película *Tristana* de Buñuel es una adaptación de la novela de Benito Pérez Galdós. La historia tiene lugar en Toledo (al sur de Madrid) a finales de la década de los años veinte, durante la dictadura militar de Miguel Primo de Rivera. El personaje principal es don Lope, un vanidoso anciano aristócrata (Fernando Rey) quien, tras la muerte de su hermana, acepta la responsabilidad de servir como tutor[2] de su joven sobrina, Tristana (la actriz francesa, Catherine Deneuve, con doblaje en español).

La película comienza con una escena en la que Tristana y Saturna, la criada de don Lope, observan a un grupo de muchachos jugando al fútbol. Tristana viste de luto, debido a la reciente muerte de su madre. Parece ser una adolescente bonita e inocente que trata de comprender y adaptarse a su nueva vida bajo la tutela de su tío. Por su parte, él es amable con ella y desea que Tristana lo trate como a un padre.

Sin embargo, con el transcurso del tiempo, Tristana madura y llega a comprender mejor a su tío, y se da cuenta de que la está manipulando y explotando sexualmente; a partir de entonces, la joven se convierte en una persona muy distinta. Rechaza los avances de su tío, y decide escapar de su «protección» corrupta y sofocante. Conoce a Horacio, un joven artista que le ofrece otro tipo de amor, un hombre que le puede ayudar a liberarse del

---

[1] *armband*
[2] *guardian*

hablando del tema...

De estudiante, Buñuel hizo gran amistad con el pintor surrealista Salvador Dalí. Los dos tenían intereses similares y más tarde colaboraron juntos en la primera película de Buñuel, *Un chien andalou* (*Un perro andaluz*), famosa por sus imágenes chocantes. Dalí también alcanzó la fama con sus cuadros, de los cuales el más conocido es *La persistencia de la memoria*.

¿Qué obras de arte conoce, incluyendo escenas de películas, que en cierto modo son surrealistas? Comente con sus compañeros por qué opina que esas escenas o imágenes son surrealistas.

hablando del tema...

Imagínese a una persona que vive en un pueblo de la España de principios del siglo pasado. Existe una fuerte presión hacia la conformidad, a aceptar las mismas reglas que los demás, incluido el código moral. La gente se vigila mutuamente para asegurarse de que todo el mundo actúe de acuerdo con lo establecido por la sociedad.

Ante esta presión, ¿sería posible para una persona vivir violando abiertamente el código moral social? ¿Qué tendría que hacer, bien sea para ocultar la realidad de su vida o para hacérsela aceptable a los demás de alguna forma?

Benito Pérez Galdós (1843–1920), novelista español

dominio de don Lope. Horacio, por su parte, comprende que tendrá que enfrentarse al poder y riqueza de ese hombre. Con el tiempo, el destino obliga a Tristana a volver a aceptar la tutela de su tío, pero no sin antes encontrar la forma de vengarse de él por el trato que había recibido.

Para pensar

Las siguientes preguntas se basan en observaciones relacionadas con la primera parte de la película, para ayudarle a penetrar en la obra y a comprender el carácter de los personajes que va a ver. Dado que las respuestas van a ser en su mayor parte subjetivas, se recomienda que las comente con sus compañeros.

1. El maestro dice en la primera escena que don Lope es «un gran caballero». Inmediatamente después, vemos a don Lope en la calle, vestido como un aristócrata, echando un piropo a una mujer atractiva a quien parece no conocer: «¿Adónde va la gracia de Dios?» ¿Es posible ser mujeriego y caballero a la vez?

2. La influencia de don Lope sobre Tristana: Están examinando algunos objetos en la casa donde ella solía vivir con su madre. Tristana le dice: «Yo quisiera este Cristo [crucifijo] que tenía mi madre en su cuarto.» Don Lope le responde: «Con el tiempo, te voy a librar de estas supersticiones.» ¿Cuál es la actitud de don Lope hacia la religión?

3. Aunque en la España de hoy es mucho menos común que en los años veinte, siempre ha existido una fuerte relación entre la religión y la vida privada del individuo. ¿Opina Ud. que es ésta una forma efectiva de guiar a la gente a que tome decisiones morales responsables?

4. Las películas nos muestran a menudo relaciones entre hombres de cierta edad y mujeres más jóvenes y, con menos frecuencia, entre mujeres maduras y hombres menores que ellas. ¿Qué combinación acepta la sociedad más fácilmente? ¿Cuál le resulta a Ud. más difícil de aceptar? ¿Por qué?

5. Don Lope cree firmemente que el lugar de la mujer es en la casa. Esta forma de pensar ha sido muy común tradicionalmente. ¿Bajo qué circunstancias —si es possible— aceptaría Ud. tal premisa? ¿Cree que esta actitud tiene relación con cierto sentido de posesión?

6. En ningún momento se oye música de fondo en la película. Todo ocurre en silencio. ¿Qué concepto de la película puede tener el director si opta por no usar música? ¿Qué efecto tendrá en los espectadores?

Predicción

Basándose en lo que sabe hasta este punto por medio de la información que se le ha dado y por sus propias deducciones, escriba una breve predicción respecto al desenlace de esta historia. Tras haber visto la película, compare su predicción, y las de sus compañeros, para ver si coinciden con el final verdadero.

_____

_____

hablando del tema...

El tema de niñas inocentes o mujeres jóvenes explotadas por los hombres que están a cargo de su cuidado es frecuente en la literatura y en el cine. Comente sobre otras historias que conozca, basadas en este fenómeno social, por ejemplo, *Lolita,* novela de Vladimir Nabokov, de la cual existen dos versiones cinematográficas. ¿Por qué cree que éste es un tema tan común?

Toledo, España

_____

_____

_____

_____

_____

_____

_____

_____

II Después de ver la película

Las escenas

Las siguientes preguntas sobre las escenas van acompañadas de vocabulario que aparece por varias razones. Las palabras pueden extraerse del diálogo hablado o de elementos visuales clave de la escena. Se dan aquí porque necesitan ser traducidas o porque pueden servir de recordatorio sobre lo que está ocurriendo, para ayudarle a comentar la escena en sí.

1. El campo de fútbol

Tristana y Saturna, la criada de don Lope, están vestidas de luto, y el hijo sordomudo de Saturna, Saturno, está jugando al fútbol. En vez de uniformes, los muchachos llevan batas, un tipo de blusón que se usa en la escuela para proteger la ropa.

el artesano	**alguien que elabora cosas con las manos**
un gran caballero	*a true gentleman*
el luto	**vestido negro que se lleva por un tiempo tras la muerte de alguien**
el sordomudo / la sordomuda	**alguien que ni oye ni habla**
algo aturdido	*somewhat scatterbrained*
mi difunto marido	**mi esposo muerto**

Mucho de lo que vemos en esta escena refleja la cultura de España o, por lo menos, de la España de los años veinte. ¿Puede identificar algunas de las diferencias culturales basándose en lo que dicen o hacen los personajes?

2. En casa de don Lope

la criada	**sirvienta doméstica**
la dueña	**la patrona, propietaria de la casa**
el juez de campo	**árbitro de un duelo**
las pantuflas	(**zapatillas**) *slippers*
hija	**término de cariño**
mi hijita adorada	*my beloved little daughter*

Ⓐ ¿Quién es la criada?

Ⓑ ¿Por qué le dice don Lope a Tristana: «Tú eres la dueña de la casa»?

Ⓒ ¿Qué otros nombres usa don Lope para dirigirse a Tristana?

Ⓓ ¿Es realmente su hija? ¿Qué motivo puede tener para usar esos términos?

Ⓔ ¿Cuántos años cree Ud. que tiene Tristana cuando la vemos por primera vez? ¿Cuántos años tendrá su tío?

Ⓕ ¿Qué hace un juez de campo en un duelo?

3. La pesadilla

Tristana va a ver las campanas. Luego tiene una pesadilla, un mal sueño.

la campana	*bell*
el campanero	**el que hace sonar las campanas**
las migas	**panes fritos** (**lit.** *crumbs*)
el sueño	*dream*
¡Cerdo!	*You pig!*
¡Imbécil!	**¡Idiota!**
¡Sinvergüenza!	*You rascal!* (**persona que no tiene vergüenza**)

Ⓐ ¿Por qué les llama Tristana «cerdo» y «sinvergüenza» a los dos chicos?

Ⓑ ¿Por qué van los jóvenes a ver al campanero?

Ⓒ Mientras están mirando las campanas, ¿que ve Tristana?

4. La tertulia

Don Lope se reúne con sus compañeros en un café.

la honra	**honor**
el pecado	*sin*

la tertulia	**reunión regular, a veces diaria, de un grupo de personas (hombres, en la época en que se hizo la película)**
estrecho/a	*strict, narrow-minded*
Lo de siempre	*The usual (drink).*
tener la manga ancha	*to be flexible (generous)*

Ⓐ ¿Por qué están los amigos de don Lope hablando de él cuando llega a la tertulia?

Ⓑ ¿Qué opinión expresa don Lope sobre el pecado y la sexualidad?

5. La cena

Don Lope y Tristana cenan. Saturna sirve.

encerrado/a	**no puede salir de casa**
comprar de fiado	**comprar a crédito**
el huevo pasado por agua	*soft-boiled egg*
la renta no alcanza	**los ingresos no cubren los gastos**
untar el pan en el huevo	**mojar el pan en la yema del huevo**

Ⓐ Basándose en esta escena, ¿cómo describiría Ud. las relaciones entre don Lope y Tristana?

Ⓑ ¿Qué le preocupa a don Lope?

Ⓒ ¿Por qué motivo no puede salir de casa Tristana?

6. Don Lope y Tristana en la calle

dame un beso	*kiss me*
me estimas	**sientes aprecio por mí**
me quieres	**me tienes cariño**
una risilla tonta	*a giggle*
te doy asco	**te soy repugnante**

Ⓐ A don Lope le interesa la opinión que tiene Tristana de él. Cuando él le pide un beso, ¿qué hace Tristana?

Ⓑ ¿Cómo reacciona ella después?

7. En casa por la noche

Don Lope quiere que se vaya Saturna. Quiere estar a solas con Tristana.

acabar	**terminar**
abrazar	*to hug*
desnudarse	**quitarse la ropa**
hacer la plancha	*to iron (clothes)*
cuanto más tarde, mejor	**si vienes más tarde, mejor**

Ⓐ ¿Por qué deben ser evidentes para Saturna las intenciones de don Lope?

Ⓑ ¿Resiste Tristana los avances de él?

8. Saturna y Tristana en la calle

| el guardia civil | **miembro de la Guardia Civil, policía nacional** |
| el perro rabioso | *dog with rabies* |

el pintor	hombre que pinta cuadros
a largarme	irme de aquí
¡Qué vergüenza!	*How embarrassing!*
se va a enterar	va a descubrir
ya no le* soporto	ya no lo tolero / lo aguanto

Ⓐ ¿Cuál es la reacción de Saturna hacia el pintor?
Ⓑ ¿Por qué dice Tristana: «¡Que vergüenza!» después de conocerlo?

9. Tristana y don Lope en el parque

el barquillero	el que vende barquillos
el barquillo	*rolled wafer*
el galancete de esquina (*pej.*)	cualquier hombre guapo y vanidoso, generalmente desconocido a quien habla
el mal paso	algo que no se debe hacer

¿A quién se refiere don Lope cuando dice «un galancete de esquina»?

10. Tristana visita a Horacio

la ensaimada	torta
el marido	esposo
el retrato	*portrait*
el tutor	*guardian*
cuando se trata de faldas	cuando se trata de mujeres
estoy deshonrada	he perdido mi honor
¡Viejo asqueroso!	*Dirty old man!*

Ⓐ ¿A quién se refiere Tristana cuando dice «mi marido»?
Ⓑ ¿Quién es el «viejo asqueroso»?
Ⓒ ¿Cuál cree Ud. que es el significado de «el faldero» en referencia a un hombre?

11. El enfrentamiento

Don Lope le habla muy seriamente a Tristana.

cuéntame tus amores	dime algo sobre tus nuevas relaciones
eran juegos inocentes	no hacías nada malo
eres el culpable	*you're to blame*
estoy harta	*I am fed up*
no me agrada verte salir	no me gusta que salgas

¿Por qué dice don Lope: «No me agrada verte salir»? ¿Qué teme?

---

* En ciertas regiones de España, se usa la palabra *le* como objeto directo. Este uso se llama «leísmo».

12. Tristana vuelve de Barcelona

Después de dos años en Barcelona con Horacio, Tristana vuelve a Toledo. Está enferma.

disculparse	*to apologize*
estrechar la mano	*to shake hands*
está muy grave	está gravemente enferma
quizás sin remedio	**tal vez no se pueda curar**
se empeñó en venir	**insistió en venir**
ya no se me escapa	*she won't run away from me again*

Ⓐ Y don Lope, ¿quiere estrecharle la mano a Horacio?
Ⓑ ¿Quién se empeñó en venir?

13. La enfermedad de Tristana

la caña	*walking cane*
la cirugía	*surgery*
el encuentro casual	**encuentro por coincidencia**
la muleta	*crutch*
el pecado	*sin*
la pierna prostética	*prosthetic leg*
la silla de ruedas	*wheelchair*
confesarse	**confesarle los pecados a un cura**
voluble	**inconstante**
¡Es el colmo!	*That's the last straw!*
es violento para mí	**me da vergüenza**
le falta algo	**hay algo más que necesita**
pareces otra	**has cambiado, pareces otra persona**

Ⓐ Según don Lope, a Tristana le hace falta algo más que un doctor. ¿A qué, o a quién, se refiere?
Ⓑ ¿Qué es violento para Horacio?
Ⓒ ¿Qué tipo de apoyo (muletas, etcétera) prefiere Tristana?

14. En el jardín

El cura aconseja a Tristana. Saturno la visita con intenciones románticas.

la pasión malsana	*unhealthy passion*
la plática	**la charla**
la procreación	**tener hijos**
el rencor	**resentimiento**
exponerse	*to expose oneself*
santificar	*to sanctify*
no lo puedo ver	**me molesta verlo**
te hizo daño	*he hurt you*

A ¿Qué es la pasión malsana?
B ¿Por qué dice el cura que la procreación no sería un factor en este casamiento?
C ¿Qué es lo que se debe santificar?
D ¿Qué actitud demuestra don Lope hacia la Iglesia?

15. El casamiento

Don Lope se casa con Tristana. Pasan la noche de bodas en casa.

el casamiento *marriage ceremony*

el corte *rebuke*

la ilusión *fantasy*

amargado/a *bitter*

A ¿Qué tipo de boda celebran?
B ¿Resulta la noche de bodas como esperaba don Lope?
C ¿A quién describiría Ud. como «amargado/a»?

16. La muerte

La escena final: Don Lope merienda con sus amigos; más tarde se siente enfermo.

la escena retrospectiva	*flashback*
la pera	**interruptor de la luz, sobre la cama**
la renta	**ingresos**
colgar	*to hang up*
dejar abierto	*to leave open*
descolgar el teléfono	*to lift the receiver*
calentito/a	*nice and warm*
éste se nos va	**este hombre se muere pronto**
¡Qué caramba!	*What the heck!*
¿Te cayó mal la cena?	**¿Te sentó mal la cena?**

A Don Lope se pone enfermo durante la noche y enciende la luz con la pera. ¿A quién llama?
B ¿Qué hace Tristana con el teléfono?
C Y, ¿con la ventana?

Interpretación

1. Tristana tiene dos veces la misma pesadilla: la imagen de la cabeza degollada de su tío balanceándose dentro de una campana. ¿Qué significa este sueño en el contexto de la historia? ¿En qué sentido es irónico que don Lope le diga a Tristana, después de la pesadilla, «...llamas como si hubieras visto al diablo»? ¿Cómo trata don Lope a Tristana en ese momento? ¿Tiene alguna relación con el hecho de que, según don Lope, Tristana, de niña, siempre gritaba cuando veía a su tío?

2. Don Lope cita un dicho: «La mujer honrada, pierna quebrada y en casa.» ¿Qué significa el dicho? ¿Qué actitud parece tener don Lope hacia las mujeres? ¿Es por eso que Tristana está encerrada tanto tiempo?

3. En la tertulia, don Lope dice que, con respecto al amor y a las mujeres, no hay pecado mientras la mujer consienta. Sin embargo, admite dos excepciones: Una son las relaciones sexuales con la mujer de un amigo. ¿Cuál es la segunda y en qué se parece a sus relaciones con Tristana?

4. ¿Qué actitud tiene don Lope hacia las personas de una clase social que él considera inferior? ¿Qué evidencia hay de esta actitud? Por ejemplo, ¿cómo trata a Saturna y a su hijo?

5. Don Lope dice: «Somos felices porque ni tú ni yo hemos perdido el sentido de la libertad... Ahora mismo, si quisieras, con decirme que te habías cansado de mí, te podrías ir y yo no te diría nada.» Tristana: «Ni a la esquina me dejarías llegar, seguro.» Tristana duda que don Lope esté diciendo la verdad. ¿Qué opina Ud.?

6. Poco más tarde, don Lope dice, en referencia al interés de Tristana por un joven: «Si das un mal paso, te mato... prefiero una tragedia a hacer el ridículo.» ¿Considera Tristana que es una amenaza seria? ¿Qué sabe de don Lope que la haría, o no, sentirse amenazada?

7. ¿Cómo trata don Lope a su doméstica, Saturna? Cuando necesita algo, ¿dice «por favor»? ¿Le parece a Ud. un trato frío?

8. Don Lope y Tristana están solos en casa por la noche. (El despacha a Saturna, diciéndole que vuelva «cuanto más tarde, mejor».) Don Lope inicia un movimiento como para abrazar a Tristana. Ella le dice, «Y, ¿si vuelve?» ¿A qué, o a quién, se refiere? ¿Cuándo se da cuenta Tristana de lo que está ocurriendo en ese momento?

9. ¿Qué sabe Saturna sobre las relaciones entre don Lope y Tristana? ¿Cómo lo sabe Ud.? Observe que, cuando don Lope le pregunta sobre la vida de Tristana, Saturna siempre le contesta: «Yo no sé nada, señor.» ¿Es cierto?

10. ¿Cuáles son las primeras indicaciones de que Tristana rechaza el cariño de don Lope?

11. ¿Por qué permanece Tristana con don Lope durante su juventud, aunque sabe que la está explotando? Tristana le dice claramente a Saturna que no soporta a don Lope. En un momento determinado exclama: «Ojalá me quisiera menos.» ¿Qué significado tienen sus palabras?

12. Cuando don Lope está enfermo, le dice a Tristana: «Eres muy buena, hijita. ¿Cómo no te voy a adorar?» ¿Qué siente Tristana hacia él en ese momento? (Tenga en cuenta, por ejemplo, la reacción de Tristana cuando él trata de cogerle la mano.)

13. Con el transcurso del tiempo, Tristana se va independizando cada vez más. ¿Se podría describir su personaje en esta película como feminista, en cierto sentido?

14. Buñuel introduce una escena, aparentemente gratuita, referente a un perro rabioso y a un guardia civil. ¿Es realmente una escena gratuita? Si no lo es, ¿cuál es su propósito, en su opinión? ¿Considera Ud. gratuita la escena del ratero o ladrón?

15. Cuando muere la hermana de don Lope, a la que éste detesta, él hereda una considerable fortuna que le permite llevar un estilo de vida más cómodo. Comente sobre la situación con un dicho: «El muerto al hoyo[3] y el vivo al bollo[4].» ¿Qué siente él por la muerte de su hermana?

---

[3] *hole in the ground*
[4] *bread; bun*

16. Don Lope consuela a Tristana después de la operación: «Tu cojera te parece un obstáculo, pero ahora eres quizás más apetecible, por lo menos para mucha gente.» ¿Estará hablando de lo que siente él?

17. ¿Cómo le explica Tristana a Horacio por qué consintió tener relaciones sexuales con su tío? ¿Acepta Horacio su explicación?

18. Don Lope, frustrado, le pide disculpas a Tristana: «Me has querido... me has dado tu juventud... pero, es que no puedo convencerme de que estoy viejo.» ¿Por qué se disculpa?

19. ¿Hasta qué punto tiene importancia la edad de don Lope en la historia? ¿Quién la menciona y con qué fin?

20. ¿Cuál es el mensaje de *Tristana*? Coméntelo con sus compañeros.

Actividades

1. ¿Quiénes son y cómo son?

Trabajando en parejas o en grupos pequeños, traten de identificar a estos personajes, dando una breve descripción en español.

1. Saturna   _____

2. don Lope   _____

3. Tristana   _____

4. Horacio   _____

5. Saturno   _____

2. ¿Quién lo dice?

Trabajando en parejas o en grupos pequeños, traten de identificar a los personajes que dicen lo siguiente; y a quién(es) se lo dicen, en la película *Tristana*.

_____ 1. Somos felices porque ni tú ni yo hemos perdido el sentido de la libertad.

_____ 2. Ni a la esquina me dejarías llegar, seguro.

_____ 3. Ojalá me quisiera menos.

_____ 4. Me has querido... me has dado tu juventud.

_____ 5. La mujer honrada, pierna quebrada y en casa.

_____ 6. Si das un mal paso, te mato... prefiero una tragedia a hacer el ridículo.

_____ 7. ¿Adónde va la gracia de Dios?

_____ 8. No me agrada verte salir.

_____ 9. ¿Te cayó mal la cena?

_____ 10. Tu cojera te parece un obstáculo, pero ahora eres quizás más apetecible, por lo menos para mucha gente.

3. El panel de expertos: ¿Quién tiene la culpa?

Al comienzo de *Tristana,* es fácil comprender los papeles de don Lope y de la joven Tristana, como explotador y explotada: una inocente muchacha manipulada por su viejo y lascivo tío. Pero, con el tiempo, don Lope se hace mayor y más débil. Al mismo tiempo, Tristana se va convirtiendo en la matriarca de la casa, pisando fuertemente con su «pata de palo» y demostrando un carácter desapacible y perverso. Su última acción de maldad equivale, de hecho, al asesinato.

Si analizamos la complicada serie de acontecimientos que suceden en la historia, y la forma en que termina ésta, es lógico preguntarse cuál de los dos personajes contribuye más al trágico final.

Pueden organizar un panel de expertos,* en el que cada cual presente evidencia de la culpabilidad de Tristana y de la de su tío.

---

* Para recordar la organización de un panel de expertos, vea en la sección *Avance, el panel de expertos.*

CAPÍTULO

3

Carmen

Carlos Saura, 1983

El compositor francés Georges Bizet
(1838–1875)

 I Antes de ver la película

En 1875 se presentó en París una nueva ópera del compositor francés Georges Bizet, titulada *Carmen*. Bizet basó su libreto en una novela del mismo título publicada en 1847 por otro francés, Prosper Mérimée. Este había viajado mucho por España y parece que, en uno de sus viajes, le contaron una leyenda folklórica sobre una gitana.[1] La trama de su novela *Carmen* resultó muy parecida a la leyenda que oyó.

Aunque la música de la ópera de Bizet ha sido caracterizada por algunos críticos como «pseudo-española» por sus orígenes franceses, irónicamente la obra ha llegado a representar, para la mayoría de la gente, la esencia de la vida y música españolas. (Asimismo, muchos creen que debido a Bizet, se hizo común la palabra «toreador» en vez de «torero».) A pesar de la opinión de algunos críticos, *Carmen* sigue siendo una de las óperas más populares.

Unos cien años después, en 1983, Carlos Saura, director de cine español, concluyó la producción de una versión cinematográfica de la ópera, basada liberalmente en la de Bizet. Aquí, la música es más «española», aunque se deriva de la de Bizet, y ha sido adaptada al estilo flamenco. La película fue muy bien recibida e incluso nominada por la Academia como la mejor película extranjera de 1983.*

Desde antes de 1964, año en que dirigió *La caza*, Carlos Saura ha sido uno de los directores más seminales del cine español moderno. Lo particular de *La caza* es que no sólo censura al régimen franquista, sino que predice su caída diez años antes de la muerte de Franco; es, por lo tanto, la primera película

hablando del tema...

Aparte de la música, ¿es la película de Saura más española que la ópera de Bizet en ciertos aspectos?

---

[1] *gypsy*

* En 1985 se produjo una versión cinematográfica francesa fiel a la ópera original, dirigida por Francesco Rossi, con Plácido Domingo en el papel de don José. Aunque cantada en francés, el verla contribuye en gran medida a comprender la *Carmen* de Saura, la cual presupone cierta familiaridad con la ópera de Bizet.

de la transición de España de la dictadura a la democracia. Más tarde, Saura produce una serie de películas que tienen que ver con el baile: *Bodas de sangre* (1981), *El amor brujo* (1986), *Flamenco* (1995), *Tango* (1998) —así como la innovadora *La prima Angélica* (1974), una película que critica la guerra civil española cuando Franco aún vivía. También es digna de mención la misteriosa *Cría cuervos* (1976), en la que la actriz Ana Torrent, de *El nido*, nos ofrece una excelente actuación a la temprana edad de 9 años.

Otras películas de Carlos Saura: *¡Ay, Carmela!* (1990); *Mamá cumple cien años* (1979); *El jardín de las delicias* (1970).

El ambiente cultural

Aunque hay cierta tendencia a creer que el flamenco es el baile nacional de España, en realidad es sólo uno de los muchos bailes regionales o étnicos, aunque sí es el más conocido. No se sabe exactamente de dónde proviene, aunque se cree que tiene su origen alrededor de 1760 entre los gitanos de las provincias de Sevilla y Cádiz. Lo que está claro es que el flamenco es un estilo de baile y cante que expresa emociones muy fuertes y que, por lo tanto, se adapta muy bien a la historia de *Carmen*.

Dada la importancia del flamenco en la película, muchos de los actores son gitanos o simplemente andaluces (de Andalucía). En ambos casos, su acento resulta a veces difícil de entender. Por ejemplo, el conocido guitarrista Paco de Lucía (que se representa a sí mismo), da la impresión de no pronunciar las «eses» finales: «vamo, vamo... » También es típico en Andalucía, y en otras regiones de España, pronunciar *mandao* en vez de *mandado*.

La trama

Estamos en el Madrid actual. Casi la totalidad de la película tiene lugar en el moderno estudio de una compañía de baile. El protagonista, Antonio Gades, es también el director/coreógrafo, así como el «bailaor» (bailador de flamenco) que representa a don José en la nueva versión de la ópera.

Al comienzo de la película, vemos algunos grupos de bailaores ensayando para la producción, y también a una mujer cantando flamenco. Antonio está escuchando la música de Bizet, pero algo le preocupa: todavía no ha encontrado a la actriz/bailaora que hará el papel de «la Carmen» (así se refieren a la protagonista de la ópera). Esta mujer debe tener ciertas cualidades especiales: el fuego, la pasión, «los ojos de lobo» que, según Mérimée, tenía la Carmen. Antonio encuentra por fin a una bailaora desconocida que parece tener esas cualidades; su nombre es también Carmen.

Cuando comienzan a ensayar la obra, lo hacen con la escena de «La Tabacalera», que se desarrolla en una fábrica de tabaco en Sevilla donde trabajan sólo mujeres. Hace calor, están inquietas y cantan una canción que nos sugiere el problema que tienen en la fábrica.

No te arrimes[2] a los zarzales[3]
Los zarzales tienen púas[4]...

---

[2] *acerques*
[3] *brambles*
[4] *thorns*

Carlos Suara (1932–), director español

Para pensar

Las siguientes preguntas se basan en observaciones relacionadas con la primera parte de la película, para ayudarle a penetrar en la obra y a comprender el carácter de los personajes que va a ver. Dado que las respuestas van a ser en su mayor parte subjetivas, se recomienda que las comente con sus compañeros.

1. Mientras observa a las bailaoras de su compañía, Antonio recuerda la descripción de la Carmen de la novela de Mérimée.

   Sus cabellos eran negros, largos, brillantes... Sus ojos tenían una expresión voluptuosa y hosca[5] al *mismo tiempo: ojos de gitano, «ojos de lobo», dice un refrán español.*

   Si lo que busca Antonio es una mujer que tenga los ojos como los describe Mérimée, comente con sus compañeros cómo se imaginan Uds. a ese tipo de mujer. ¿Pueden compararla con algún personaje de alguna película que han visto?

2. Sentado en otro estudio de baile, con su amigo Paco, Antonio sigue observando a las bailaoras, buscando a la Carmen. Al principio, no le gusta la última que ha visto, y no le dice nada. Pero ella,

   ... siguiendo la costumbre de las mujeres y de los gatos, que no vienen cuando se les llama y vienen *cuando no se les llama, se detuvo ante mí y me dirigió la palabra.*

   ¿Qué es lo que implica Antonio al hacer la comparación entre las mujeres y los gatos? ¿Es una comparación justa? ¿Qué nos indica su comentario sobre ese tipo de mujer?

3. Si el destino de los personajes en una historia depende en muchos casos del carácter del / de la protagonista principal, ¿cree Ud. que, de alguna forma, el destino de los personajes de *Carmen* dependerá del carácter de la Carmen?

4. ¿Por qué cree Ud. que la ópera original *Carmen* representa para tanta gente la esencia de la vida y la música españolas? ¿Hay algo en la personalidad de la Carmen, tal como se la imagina Ud. hasta ahora, que la asocie con «lo español»?

5. A pesar de que la ópera original, lógicamente, es cantada, en esta producción que preparan Antonio y su compañía, gran parte de las acciones y las emociones se comprenden tan sólo por medio del baile. ¿Cree Ud. que hay veces en las que el baile expresa mejor los sentimientos que la canción o el diálogo? ¿Puede dar un ejemplo de una película norteamericana que se parezca a la producción de Antonio?

6. ¿Qué impresión tiene Ud. del baile y cante flamencos ahora, *antes* de ver *Carmen*? ¿Cómo los describiría? Compare sus impresiones con las de sus compañeros de clase. Haga lo mismo *después* de ver la película.

---

[5] agresiva

Predicción

Basándose en lo que sabe hasta este punto por medio de la información que se le ha dado y por sus propias deducciones, escriba una breve predicción respecto al desenlace de esta historia. Tras haber visto la película, compare su predicción, y las de sus compañeros, para ver si coinciden con el final verdadero.

_____

_____

_____

_____

_____

_____

 ## II Después de ver la película

Las escenas

Las siguientes preguntas sobre las escenas van acompañadas de vocabulario que aparece por varias razones. Las palabras pueden extraerse del diálogo hablado o de elementos visuales clave de la escena. Se dan aquí porque necesitan ser traducidas o porque pueden servir de recordatorio sobre lo que está ocurriendo, para ayudarle a comentar la escena en sí.

1. El baile flamenco y la música de Bizet ——————————————

El guitarrista Paco comenta sobre la música de Bizet, diciendo que, tal como está, no va a ser cómodo bailarla porque a veces va demasiado lento, lo que va a dejar a Antonio colgado como una cigüeña.

la bulería	**cante popular andaluz de ritmo vivo; baile que lo acompaña**
la cigüeña	*stork*
el paso	*step* (**movimiento que ejecuta un bailaor**)
airoso/a	**ligero/a, de movimientos ágiles**
colgao	**colgado** (*hanging*)
ritardando	**término musical indicando un cambio de tiempo**

Ⓐ ¿Le parece apropiada la música de orquesta para el baile flamenco?
Ⓑ ¿Qué posición suelen adoptar las cigüeñas?
Ⓒ ¿Son airosos todos los pasos del flamenco? ¿Qué pasos en particular no lo son?

2. La Carmen ——————————————————————————————

Antonio piensa en la descripción de Mérimée: «Carmen era de una belleza extraña y salvaje.»

los labios carnosos	**labios llenos**
azulado/a	**de un tono azul**
perfilado/a	**bien formado/a**

Ⓐ ¿Qué le sugiere a Ud. una belleza «extraña y salvaje»?

Ⓑ ¿Ha visto Ud. pelo negro tan brillante que tenga reflejos azulados?

Ⓒ En su opinión, ¿es la Carmen un personaje sensual?

3. En el estudio de baile

La instructora, María Magdalena, les explica cómo deben mover todas las partes del cuerpo: «El brazo debe subir suavemente y articulado. La cintura en su sitio. La cadera desprendida de la cintura y de las costillas... No mováis las manos.»

las astas	**los cuernos (de un toro, por ejemplo)**
la cadera	*hip*
la cintura	*waist*
la colocación	**posición designada para comenzar a bailar**
las costillas	**los huesos largos y arqueados que salen de la columna vertebral**
el pecho	**parte del cuerpo entre el cuello y el abdomen;** (pl.) *breasts*
el yapitá	**sonido usado para marcar el ritmo del baile**
desprendido/a	**no conectado/a**

Piense en la imagen de una bailaora de flamenco y explique en qué sentido la cadera puede estar «desprendida de la cintura». ¿Qué significa «no mováis las manos», puesto que es evidente que las están moviendo?

4. La audición de la Carmen

En una escena de gran tensión, Antonio quiere ver si la nueva bailaora tiene el estilo y el fuego que requiere el papel de la Carmen. Aunque le grita: «Mírame, mírame a los ojos», *no parece que la mujer se sienta intimidada por Antonio.*

la pareja	**dos personas, normalmente un hombre y una mujer**
acariciar	**tocar a alguien con cariño**
girar	**dar la vuelta**
parpadear	**abrir y cerrar los ojos rápidamente**
rematar	**terminar**
Dame fuego	**Dame algo para encender el cigarrillo**
pa' allá (*coll.*)	**para allá (allí) (dialecto andaluz)**

Ⓐ Desde el principio de la escena, se nota que esta bailaora, que también se llama Carmen, tiene mucha confianza en sí misma. ¿Qué evidencia de esto han notado Ud. y sus compañeros?

Ⓑ Al final del ensayo, se paran Carmen y Antonio y se miran. Carmen le pregunta: «¿Ya está?» Antonio le contesta simplemente: «Por ahora, sí». En ese momento, ¿qué emociones sienten los dos?

Ⓒ ¿Quién domina la situación?

5. El ensayo: Cristina y las bailaoras

Cristina instruye a las bailaoras: «Las manos como palomas, ¿eh? Esos codos hacia adentro... Que aquí se viene a bailar, ¿eh?... Ahí, esos cuerpos, estirad hacia arriba... »

el codo	*elbow*
el hombro	*shoulder*

el ensayo	*rehearsal*
la paloma	*dove*
ensayar	**practicar**
estirar	*to stretch* (**extender**)

Ⓐ ¿Qué partes del cuerpo se deben mantener más bien rígidas en el baile flamenco?

Ⓑ Observe otra vez lo que se dice de las manos: ¿Cómo describe Cristina esos movimientos?

6. El ensayo de la escena con la cama vieja

Antonio dirige la siguiente escena: «Vamos a imaginarnos que esto es un camastro... Juan, y tú, Carmen. Carmen, ven aquí. Haz de José tú, y vamos a hacer el paso de ta-ra-re-ro... ¿eh?»

el camastro	**cama vieja**
la celestina	**la** «*madame*» **de un bordelo**
el cuartucho (*pej.*)	**cuarto pequeño**
Haz de José tú...	**Haz el papel de José**
ta-ra-re-ro...	**tarareando** (*humming*) **al ritmo de la música**

Ⓐ ¿En qué fase de la preparación de la obra parecen estar en este momento?

Ⓑ ¿Cómo lo sabe Ud.?

7. La visión de la Carmen tradicional

el abanico	*fan*
la mantilla	**tela de encaje** (*lace*) **que usan las mujeres para cubrirse la cabeza**
la peineta	**peine grande que se usa para sujetar el peinado o la mantilla**

Ⓐ Antonio está solo por la noche, imaginándose a la Carmen vestida de manera tradicional. ¿Está obsesionado con la obra, con el papel de la Carmen... o con qué?

Ⓑ ¿Tiene también «ojos de lobo» esta imagen de la Carmen?

8. Un ensayo duro

Antonio los hace bailar duro: «Vamos. No corre[r]... Juan, la chepa. Vamos... las plantas. Su-jétale... Cuidado ahora. ¡Quique!... Arriba los riñones, arriba... Basta, basta, bien, bien.»

la chepa	**espalda encorvada**
las plantas	**la parte de abajo de los pies**
los riñones	**la espalda** (lit. *kidneys*)
¡Sujétale!	**¡Mantenlo!**

Antonio se fija en los movimientos de cada bailaor del grupo. Observe el tipo de detalles que le preocupa. ¿Es un arte que requiere mucha disciplina?

9. La partida de cartas

La partida de cartas: «Cuarenta duros más. Cuarenta duros voy... Ahí están los del tío... »

¿Cuánto has vaciado?	**¿Cuánto dinero has metido?**
dos mil y pico	**dos mil y un poco más**
¡Hijo de puta! (*vulg.*)	*Son of a bitch!*
¿Qué llevas?	**¿Qué (cartas) tienes?**

¡Tus muertos!	*Damn your dead!*
veinte duros	**100 pesetas (1 duro = 5 pesetas)**
Voy.	**Yo igual.**

La conversación que suele acompañar a una partida de cartas consiste casi enteramente de palabras en argot, en lenguaje vulgar con tono serio, como si algo importante estuviera en juego, cosa que muchas veces no es el caso. ¿Cree Ud. que esta forma de hablar es inherente a la partida o es más bien una manifestación de machismo?

10. Los celos

los celos	*jealousy*
engañar	ser infiel
traicionero/a	peligroso/a; *treacherous*
¡Lárgate!	¡Vete! (largarse)
me tienes harto/a	no puedo aguantarte (tolerarte) más

La última canción de la película hace referencia al peligro de los celos, a la traición y a las emociones que los acompañan. ¿De qué emociones están hablando?

Interpretación

1. La bailaora, que por fin encuentra Antonio para el papel de la Carmen, también se llama Carmen. ¿Se parece a la Carmen original de Mérimée?

2. En la audición que hace Carmen con Antonio, se nota desde el principio cierta tensión entre ambos. ¿Se debe principalmente a la importancia del papel? ¿Qué actitud demuestra Carmen durante la audición? ¿Está nerviosa?

3. Al ensayar con Carmen, ¿qué le critican Cristina y Antonio? ¿Qué debe hacer Carmen que no está haciendo? ¿Qué significa «Vamos, cómeme... »?

4. Antonio le explica a Carmen que el baile llamado «la farruca» es algo especial para él. Busque en el Internet la razón por la que Antonio dice que es posible que la farruca fuera lo que «me hizo comprender todo esto». ¿Por qué hay momentos en que necesita bailarla?

5. Carmen le dice a Antonio en varias ocasiones: «tranquilo, hombre... » ¿Por qué es irónica esta expresión que parece tan inocente? ¿Por qué Antonio nunca está tranquilo?

6. ¿Dónde tiene lugar el siguiente intercambio? ¿Contesta Carmen la pregunta de Antonio? ¿Piensa Ud. que Antonio va a creer lo que le dice Carmen?

   ANTONIO: ¿Por qué tienes que engañarme con el primer imbécil que encuentras?
   CARMEN: ¿Cómo eres tan tonto? ¿No ves que te quiero... ?

7. ¿Por qué piensa Ud. que Saura quiere crear tanta duda en el espectador sobre la realidad de la historia? Por ejemplo, la partida de cartas y la pelea que sigue: ¿son «reales» o simplemente un ensayo?

8. Durante la película, vemos acciones que son claramente teatro, y otras que no lo son. ¿Nos presenta Saura una historia, dos historias paralelas o quizá tres?

9. El personaje de José, creado por Mérimée y reinventado por Bizet, es claramente ficticio. Pero Antonio es real, ¿no? Si no lo es, ¿quién es real en la versión de Saura? Comente sobre lo que significa «real» en este contexto.

10. Pongamos por caso que la escena que tiene lugar entre Antonio y Carmen, de noche en el estudio, es real, pero que, a partir de ese momento, todo lo que ocurre es producto de la imaginación de él. ¿En qué se diferenciaría la historia?

11. Hay un gran paralelo entre la historia del José y la Carmen de Bizet y la de Antonio y la Carmen moderna. ¿Hasta qué punto se da cuenta Antonio de esto? Por ejemplo, él cita de la novela de Mérimée, donde José habla de Carmen:

    Mentía... Ignoro si en su vida ha dicho una sola palabra de verdad, pero cuando ella hablaba, yo la creía; era más fuerte que yo.

    ¿Qué aspectos de lo que dice José se le podrían aplicar a Antonio? En el caso de éste, ¿qué (o quién) «era más fuerte que [él]»?

12. Cuando Carmen dice cosas como: «¿No ves que te quiero sólo a ti?», Antonio parece creerle, o tal vez quiera creerle. ¿Le ciega el amor, o está simplemente enloquecido por los celos? ¿Aceptaría la idea de compartir a Carmen con otros hombres?

13. Si Ud. ha visto *Camila* (Capítulo 7), recordará que en ambas películas se ven las consecuencias de la pasión, los celos y la obsesión. Comente sobre el paralelo que existe en la trama de estas películas, y también sobre las diferencias.

14. La imagen del bailaor de flamenco implica un personaje fuerte, viril. ¿Es así en realidad? En *Carmen*, Antonio, a pesar de su apariencia varonil, se ve forzado a adoptar una actitud subordinada ante Carmen, una «simple» mujer. Es ella la que inicia las relaciones íntimas entre ellos. ¿Han cambiado los papeles?

15. Si se fija en los grabados en la secuencia del título de la película (época de la ópera de Bizet), verá que uno de ellos representa a una muchacha andaluza, vestida de torero, y un toro muerto a sus pies. ¿Trata de sugerirnos Saura que la era del matador dominante ya no existe?

Actividades

1. ¿Quiénes son y cómo son?

Trabajando en parejas o en grupos pequeños, traten de identificar a estos personajes, dando una breve descripción en español.

1. Antonio Gades _____

2. Carmen _____

3. don José _____

4. Paco de Lucía _____

5. Cristina _____

6. Mérimée _____

7. María Magdalena _____

8. Georges Bizet _____

2. ¿Quién lo dice?

Trabajando en parejas o en grupos pequeños, traten de identificar a los personajes que dicen lo siguiente, y a quién(es) se lo dicen, en la película *Carmen*.

_____ 1. Si no [le] quiero... sólo te quiero a ti.

_____ 2. ¿Voy a ser el último que se entere?

_____ 3. No tienes ningún derecho a exigirme nada.

_____ 4. Tranquilo, hombre.

_____ 5. ¿Qué te pasa con esa tía? Has tenido veinte mejores que ella.

_____ 6. Levanté los ojos y la vi.

_____ 7. ¿Cómo eres tan tonto? No ves que te quiero?

_____ 8. Pero, así estamos divinamente, ¿no?

_____ 9. Ignoro si en su vida ha dicho una sola palabra de verdad.

_____ 10. ¿Por qué tienes que engañarme con el primer imbécil que encuentras?

3. Debate: La controversia de la escena final

Al final de la ópera de Bizet, José, enfurecido por los celos y el rechazo de Carmen, saca un cuchillo y la mata. Pero la última escena de la _Carmen_ de Saura nos deja en duda. ¿Es un crimen de pasión, sin ninguna relación con la obra, cometido por un Antonio que no puede aguantar más, que está consumido por los celos? O ¿están simplemente ensayando para la misma escena, como lo hicieron con la partida de cartas?

Proposición: Que en la última escena de la película _Carmen_, Saura nos insinúa que Antonio, el director de la obra flamenca, mata a Carmen, la actriz que hace el papel de la Carmen en la misma obra.

Si quieren; pueden escoger otro tema apropiado para el debate,* con tal de que sea controvertible.

4. Panel: ¿Tal vez un final mejor?

Como alternativa a la «credibilidad» de la escena final de _Carmen_, organicen grupos† y sugieran otras escenas finales posibles que Uds. consideren psicológica o artísticamente más satisfactorias. Cada grupo deberá explicar y/o actuar en la presentación de la escena a la clase.

---

* Para recordar cómo se organiza un debate, vea en la sección **Avance,** _El debate._
† Para recordar la organización de un panel de expertos, vea en la sección, **Avance,** _El panel de expertos._

El destino

El concepto de la voluntad propia implica que podemos actuar independientemente, sin estar sometidos a un poder externo. Sin embargo, a veces nos ocurren cosas que no podemos controlar, como si algo o alguien limitara nuestras opciones.

- Alejandro, en *El nido,* toma decisiones irracionales y, aparentemente, inexplicables, como si fuera manipulado por su propio sentido fatídico del destino.

- En *Los amantes del círculo polar,* los amantes están convencidos de que, a través de una increíble serie de coincidencias, todo está predestinado para que los problemas de su vida queden resueltos.

- En *The Mission,* podemos observar lo que ocurre cuando hombres de buena voluntad y buenas intenciones deben someterse finalmente al poder de instituciones sobre las que no tienen ningún control.

✴ **El nido**

✴ **Los amantes del círculo polar**

✴ **The Mission**

4

El nido

Jaime de Armiñán, 1980

I Antes de ver la película

En la película *El nido,* un hombre de 60 años y una muchacha de 13 inician unas relaciones que, superficialmente, parecen ser inocentes, incluso beneficiosas, para los dos. Sin embargo, pronto nos damos cuenta de que la «muchacha» es de hecho una joven mujer, precoz[1] y de carácter fuerte, que no se deja dominar por nadie. Con la precisión de la dirección y guión de Jaime de Armiñán (1927–), la historia nos transmite desde el principio un cierto sentido de inevitabilidad, de algo que no debiera haber ocurrido y que no puede continuar. El diálogo de Armiñán es sutil, agudo[2] y con frecuencia cómico. Dada la diferencia de edades entre los dos protagonistas, la película provoca una vigorosa controversia con relación a lo que es, o no es, aceptable socialmente, razón por la que ha sido incluida aquí.

El personaje de don Alejandro en *El nido* lo hace Héctor Alterio, quien también aparece en otras dos películas de este texto: *La historia oficial* y *Camila.* De estos tres papeles, el de *El nido* es el único en que él representa a una persona buena. El personaje de Goyita lo hace Ana Torrent, quien tenía 14 años cuando la peticula fue rodada.[3] La joven ya había aparecido como protagonista en la película *El espíritu de la colmena* (a la tierna[4] edad de 7 años) y en *¡Cría!* (a los 10 años), esta última del director Carlos Saura. Muchos críticos, cuando escriben sobre Torrent en las películas en que actúa, mencionan sus «ojos misteriosos».

En 1981, *El nido* fue nominada para el Oscar a la mejor película extranjera.

Películas relacionadas: *El espíritu de la colmena; ¡Cría!; Tristana.*

---

[1] *precocious*
[2] *sharp*
[3] *shot (a film)*
[4] *young*

Ana Torrent, actriz española en el papel de Goyita

hablando del tema...

En contraste con el don Lope de *Tristana,* don Alejandro, en *El nido,* no es una persona abusiva. Es más, se podría decir que trata a Goyita con gran respeto. Sin embargo, ¿por qué difícilmente acepta la sociedad las relaciones —incluso las aparentemente inocentes— entre muchachas jóvenes y hombres maduros?

Un pueblo en la provincia de Salamanca

El ambiente cultural

La escena tiene lugar en la España de los años sesenta, bajo la dictadura de Francisco Franco. Nos encontramos en un pueblo de la provincia de Salamanca, similar a muchos otros pueblos de Castilla La Vieja. Hay una iglesia, una escuela y un cuartel de la Guardia Civil, cuerpo de la policía nacional asignado a patrullar las zonas rurales. Es importante saber, para comprender la historia, que en dichos cuarteles también suelen residir los guardias con sus familias. Dado que el padre de Goyita es guardia, ella vive en el cuartel.

Durante este período de la historia de España, la presencia de la Guardia Civil era un constante recordatorio[5] del rígido código moral de Franco. Particularmente las mujeres no contaban con las libertades que hoy día les son comunes: por ejemplo, la libertad de desempeñar trabajo en los campos considerados «masculinos», libertad en la forma de vestir, en vivir abiertamente con un hombre sin estar casada con él y de divorciarse. Incluso el concepto del adulterio favorecía al hombre: si la culpable era la esposa, el delito era grave; si se trataba del marido, leve.[6]

La Guardia Civil, bajo la dictadura, representaba algo aún más siniestro. Junto con la Policía Armada, constituían dos cuerpos de las fuerzas paramilitares de Franco, libres de actuar de forma caprichosa y arbitraria, con poca o ninguna consideración hacia los derechos civiles del individuo. En particular, la Guardia Civil tendía a inculcar[7] temor en la población. Cuando la tradicional «pareja» de guardias aparecía repentinamente, cubiertos con sus capas oscuras y sus ametralladoras[8] a los costados, uno ni corría ni se disputaba. En *El nido,* su potencial amenazante sólo se ve claramente al final de la película. Goyita, de forma muy real, vive bajo la mano dura de una dictadura fascista.

---

[5] *reminder*
[6] *light*
[7] *provoke*
[8] *machine guns*

La trama

Don Alejandro es un hombre de 60 años, viudo, amable, enérgico y solitario, que vive en las afueras de un pueblo en la España de la década de los sesenta. Es rico, posee una casa hermosa y un Mercedes antiguo, y vive con su criada y jardinero. Le gusta montar a caballo por el bosque y también escuchar la música de Haydn mientras imagina que dirige la orquesta. A veces hace todo esto al mismo tiempo.

Durante una de estas escapadas, don Alejandro encuentra una serie de notas cerca del río. Las notas son un juego de pistas,[9] escritas en rima, que parecen llevarlo hacia una mujer. Fascinado, sigue investigando hasta dar con[10] Goyita, una chica de 13 años, inteligente y resuelta, quien en realidad se comporta como una joven mujer alienada.

Don Alejandro y Goyita (Gregoria) siguen estableciendo sus relaciones sobre una base poco estable. El siente un gran vacío[11] en su vida y participa sin reparos[12] en los juegos de Goyita. Pero Goyita pronto los convierte en algo más que juegos. Debido a sus razones oscuras y confusas, la muchacha decide usar a don Alejandro; quiere nada menos que dominarlo completamente. Quedamos con la patética imagen de un hombre que, a pesar de sentirse culpable, trata desesperadamente de aferrarse[13] a aquello que no puede poseer, una «muchacha» a la vez seductora y manipuladora, y demasiado joven, en este caso, para ser aceptada por la sociedad. Tanto don Alejandro como los espectadores sabemos que esta aventura terminará en el fracaso.

hablando del tema...

Don Eladio, el cura del pueblo y un buen amigo de don Alejandro, le aconseja que no siga el juego de pistas: «No me gusta este juego, Alejandro.» Alejandro: «Es que no tengo otro.» ¿Cuál cree Ud. que es el significado de esta respuesta?

Para pensar

Las siguientes preguntas se basan en observaciones relacionadas con la primera parte de la película, para ayudarle a penetrar en la obra y a comprender el carácter de los personajes que va a ver. Dado que las respuestas van a ser en su mayor parte subjetivas, se recomienda que las comente con sus compañeros.

1. Imagínese cómo es la vida en un pueblo pequeño donde todo el mundo se conoce y donde todos saben quién fue, o no fue, a misa el domingo anterior. Imagínese también que Ud. es un adolescente creativo / una adolescente creativa, «diferente». En lugar de jugar con los niños de su edad, prefiere explorar solo/a los alrededores y coleccionar cosas como nidos de pájaros y hojas. ¿Cómo afectaría su manera de vivir un pueblo de este tipo?

2. ¿Se consideran más aceptables las relaciones entre un hombre y una mujer mucho más joven que él o las de una mujer con un hombre más joven que ella? ¿Por qué? ¿Qué opina Ud. de los casos en que una de las personas es un(a) adolescente?

3. Con la amplia gama de relaciones humanas que existe hoy en la sociedad moderna, ¿tiene sentido hablar de relaciones «normales» entre dos personas? Si contesta afirmativamente, ¿qué consideraría, o no consideraría, Ud. aceptable?

---

[9] *clues*
[10] dar... *encontrar*
[11] *emptiness*
[12] *hesitation*
[13] *hold on to*

4. El sentido que se le da hoy a la palabra «amor», especialmente en los medios de comunicación, es confuso. ¿Trata de abarcar demasiado, de forma que se aplica hasta relaciones superficiales, o estamos tratando de restringir el concepto de amor para evitar que se aplique a algunos de los tipos de relaciones a los que se hace referencia en la pregunta número tres?

Predicción

Basándose en lo que sabe hasta este punto, por medio de la información que se le ha dado y por sus propias deducciones, escriba una breve predicción respecto al desenlace de esta historia. Tras haber visto la película, compare su predicción, y las de sus compañeros, para ver si coinciden con el final verdadero.

_____

_____

_____

_____

_____

_____

 ## II Después de ver la película

Las escenas

Las siguientes preguntas sobre las escenas van acompañadas de vocabulario que aparece por varias razones. Las palabras pueden extraerse del diálogo hablado o de elementos visuales clave de la escena. Se dan aquí porque necesitan ser traducidas o porque pueden servir de recordatorio sobre lo que está ocurriendo, para ayudarle a comentar la escena en sí.

1. El juego

Don Alejandro descubre nuevas pistas del juego «Sigue la pista».

el ajedrez	*chess*
el coñac	*brandy*
el gran madero	*big stump*
el juego de adivinanzas	**juego en el que hay que adivinar** (*guess*)
la leche	*milk*
la miel	*honey*
el pañuelo	*scarf*
la pista	*clue*
la pluma	*feather*
el torreón	*tall tower*
dirigir una orquesta	*to conduct an orchestra*
te mojará río abajo	*will get you wet downstream*

Ⓐ ¿Por qué «dirige» don Alejandro una orquesta invisible?

Ⓑ ¿Con quién juega al ajedrez?

Ⓒ ¿Cuál es la primera pista que encuentra en el bosque? ¿Qué atrae su atención al juego?

Ⓓ ¿Sabe mucho sobre pájaros la persona que deja las pistas?

Ⓔ ¿Cómo trata a don Alejandro su criada, Amparo? ¿Son serias sus disputas?

2. En la iglesia

Don Alejandro visita a su amigo don Eladio, el cura del pueblo.

el campanario	*bell tower* (**torreón**)
el chorizo	*type of sausage*
¡Qué espantajo!	*You look a fright!*
la función	*show*
la grafología	**análisis de la escritura a mano**
el hechicero	*witch doctor*
el hereje	*heretic*
la pulmonía	*pneumonia*
el sacerdote	**cura, hombre religioso**
envenenado/a	*poisoned*

Ⓐ ¿Por qué llama don Alejandro al cura «hechicero» y «espantajo»? Observe que don Eladio habla de la misma forma. ¿Están enojados el uno con el otro?

Ⓑ ¿Qué relaciones aparenta tener don Alejandro con don Eladio? ¿Parece ser muy religioso don Alejandro?

Ⓒ Mientras analiza la escritura de Goyita, don Eladio cree haber encontrado evidencia de las siguientes características de la que escribe los mensajes. En su opinión, ¿cuántas de éstas resultan ser ciertas?

una chica muy joven

inculta (*of limited education*)

con gran sentido del humor

voluntariosa (*headstrong*)

apasionada

hambruna (*hunger*)

sucia

inteligente

autoritaria

sensible (*sensitive*)

absorbente (*possessive*)

3. El ensayo

Don Alejandro visita la escuela y conoce a Goyita.

el ensayo	*rehearsal*
la navajita	*small pocket knife*

estar acatarrado/a	*to have a cold/cough*
¡Callaos!*	*Be quiet!*

Ⓐ Esta es la primera vez que don Alejandro se entera de quién es «G». ¿Cómo reacciona él?

Ⓑ ¿Es apropiado que Goyita sea la que ensaya el papel de Lady Macbeth?

Ⓒ ¿Conoce Goyita ya a don Alejandro? ¿Desde cuándo?

Ⓓ ¿Dónde vive Goyita?

Ⓔ ¿Qué música silba mientras sube por la escalera del cuartel?

Ⓕ ¿Qué otra cosa hace en la escalera? ¿Por qué?

4. En casa de Goyita

La familia de Goyita está cenando.

el marimacho	*tomboy*
el tricornio	**el sombrero de tres picos que llevan los guardias civiles**
meterse con (una persona)	*to bother someone*
¡Aproveche(n)!	*Enjoy your meal!, Bon appétit!*

Ⓐ Tras regañar a Goyita, su madre mira a su marido y le dice: «Y yo sé quién tiene la culpa. Mucho tricornio y muy poca autoridad.» ¿A qué se refiere?

Ⓑ ¿En qué se diferencian los padres de Goyita?

Ⓒ Mientras comen, ¿quién entra sin llamar? ¿Quién se pone de pie? ¿Por qué?

Ⓓ Según el sargento, ¿qué ha hecho Goyita?

Ⓔ ¿Qué tiene Goyita en su habitación?

5. La amiguita

Don Alejandro visita a su amiga en Salamanca (la capital de la provincia de Salamanca).

la amiguita	*girlfriend; mistress*
la bruja	*witch*
la tienda de antigüedades	*antique shop*

Ⓐ ¿Quién es la mujer que don Alejandro va a ver a Salamanca? ¿Qué significan estas relaciones para él?

Ⓑ ¿Qué podemos deducir del hecho de que don Alejandro haya ido a visitarla con seis semanas de antelación y que su única explicación sea que necesita verla «hoy»?

Ⓒ ¿Qué nota de raro en él la mujer?

6. Una visita de Goyita

Goyita llega en bicicleta a la casa de don Alejandro.

el tiro al plato	*skeet shooting*
andar en bicicleta	*to ride a bike*
merendar	*to have a snack* (**por la tarde**)
montar a caballo	*to ride a horse*

Ⓐ ¿Cómo reacciona don Alejandro cuando Goyita se presenta en su casa? ¿Sabía que iba a llegar?

---

* **Vosotros** form of the command for **callarse**.

ⓑ ¿Dónde dice don Alejandro que estuvo el día anterior? ¿Es verdad?

ⓒ ¿Qué le pide Goyita a don Alejandro que haga por ella? ¿Insiste en que lo haga?

ⓓ ¿Quién sabe más sobre pájaros?

ⓔ ¿Qué tipo de cosas hacen juntos?

7. Las hermanas

Goyita y sus hermanas charlan en su habitación.

el ligue	**novio**
el muñeco	*the jerk* (lit. *puppet*)
estrafalario/a	**excéntrico, ridículo**
algo muy gordo	**algo serio**
bueno tienes al muñeco	**el sargento está enfadado contigo**
(mamá dice que) te vas a acordar	(*mom says*) *you're going to get it*

ⓐ ¿Sobre qué le están tomando el pelo a Goyita sus hermanas?

ⓑ Según las hermanas de Goyita, ¿qué dice el sargento refiriéndose a don Alejandro?

ⓒ ¿Cuál es la actitud de Goyita acerca de lo que dice la gente?

8. Don Eladio en casa de don Alejandro

Los dos hombres discuten sobre el problema de don Alejandro con Goyita.

los hábitos	**la ropa del cura**
el pispajo	*little squirt*
el Santo Jefe	**Dios**
avaro/a	*greedy*

ⓐ ¿Qué dice don Eladio del tipo de vida que lleva don Alejandro?

ⓑ ¿Qué le pregunta don Alejandro a don Eladio sobre su vida? ¿Qué le contesta éste?

ⓒ En un momento dado, don Alejandro le dice a su amigo: «Padre, ¿qué me pasa?» ¿Por qué se dirige a él esta vez llamándole «padre» en lugar de «Eladio»?

ⓓ Don Alejandro admite que le ha mentido a Goyita sobre su viaje a Salamanca y que, durante doce años de matrimonio, jamás le mintió a su esposa. ¿Qué sugiere esto?

ⓔ El consejo de don Eladio a don Alejandro: «Sigue siendo imbécil, nunca monstruo.» ¿Qué quiere decir?

9. Goyita come en casa de don Alejandro

Goyita visita la casa y se queda a comer.

la amiga del cole	**amiga de la escuela (del colegio)**
el gazpacho	**sopa de tomate andaluza que se sirve fría**
la pala	*fish knife*
el pavo / la pava	*silly person*
repolludo/a	*overdone*, **ridículo/a**
para siempre	*forever*
por todo	*because of everything*

ⓐ ¿Quién decide que Goyita debe mentir sobre dónde se ha quedado a comer?

ⓑ ¿Qué le dice don Alejandro respecto a esa mentira? ¿Admite que Goyita tiene razón?

C ¿Qué le ha dicho el sargento al padre de Goyita? ¿Qué le ha prohibido a Goyita su padre?

D ¿Qué quiere ver Goyita en casa de don Alejandro?

E ¿Qué opinión tiene Goyita de la difunta esposa de don Alejandro? ¿Cómo la describe?

F ¿Por qué demuestra tanto interés Goyita por la ropa y las posesiones de la esposa de don Alejandro? ¿Por qué se enfada don Alejandro con Goyita?

G Cuando don Alejandro la lleva a casa, Goyita le pregunta: «¿Te gusto?» ¿Cómo interpreta esa pregunta don Alejandro? ¿Con qué intención se la hace Goyita?

10. Las iniciales en la mano

Goyita y don Alejandro se encuentran en el bosque. La maestra les pregunta a los niños a ver si tienen iniciales en la mano.

el cementerio	*cemetery*
el escondite	*hide and seek*
la navaja	*pocket knife*
hacer el payaso	*to clown around*
juntar	*to join, mix*
recitar la lección	*to recite facts from memory*
vale	**está bien**

En el bosque

A Al principio, ¿por qué está don Alejandro enojado con Goyita?

B ¿Por qué le dice Goyita a don Alejandro que es «viejo y sucio»? Le dice: «Cuando seas más viejo y más sucio, yo te cuidaré.» ¿Es esta forma de pensar típica de una adolescente?

C ¿Qué quiere decir Goyita al declarar: «Tenemos que casarnos»? ¿Cuál es su plan? ¿Cree don Alejandro que es una buena idea?

D ¿Por qué se enoja Goyita y se marcha? ¿Qué hace por fin don Alejandro?

E Tras la «ceremonia», hay un intercambio de regalos. ¿Qué le da don Alejandro a Goyita?

En la clase

F Marisa le dice a Goyita que le enseñe la «A» de su mano. ¿Cómo reacciona la clase?

G ¿Tienen iniciales en las manos los otros niños de la clase? ¿Cuál es la reacción de Marisa al verlas? ¿Qué le preocupa?

11. En el teatro

Marisa y Goya están pintando el escenario del teatro mientras se hacen preguntas la una a la otra.

la bata	*smock; lab coat*
la enchufada (de la clase)	*teacher's pet*
el trato	*a deal*
avergonzarse	*to be ashamed*
hemos roto	*we've broken up*
¿Me tienes manía?	*Do you dislike me?*
me toca a mí	*it's my turn*
¿Se puede?	**¿Puedo entrar?**
servidora	*yours truly (me)*

Ⓐ ¿Cuáles son las reglas del juego de preguntas entre Goyita y Marisa, la maestra?

Ⓑ ¿Qué nos indica el juego sobre las relaciones que existen entre la maestra y su alumna?

Ⓒ ¿Cómo describiría Ud. a Marisa?

Ⓓ ¿Le dice Marisa a Goyita en qué va a consistir el examen?

Ⓔ ¿Le pregunta Marisa a Goyita sobre sus relaciones con don Alejandro? ¿Qué le aconseja?

Ⓕ Según Goyita, ¿cuál es la razón por la que ha roto con don Alejandro?

12. El sargento

Mientras se prepara por la mañana, Goyita descubre que su pájaro ha desaparecido.

las aves rapaces	*birds of prey*
el traslado	*transfer*
estoy harto/a	*I'm fed up*

Ⓐ ¿Quién le grita a Goyita, diciéndole que se le está haciendo tarde para ir a la escuela?

Ⓑ ¿Quién se llevó el pájaro de Goyita?

Ⓒ ¿Cómo quiere el sargento que se dirija a él el padre de Goyita?

Ⓓ ¿A qué se refiere el sargento cuando menciona «el prestigio de la comunidad»?

Ⓔ Al salir de la oficina del sargento, Goya dice: «Te prometo que te mato.» ¿Habla en serio? ¿Qué le había hecho el sargento, aparte de lo del pájaro?

13. Don Alejandro y don Eladio en el cementerio

Don Alejandro lleva un ramo de flores a la tumba de Isabel, su difunta esposa.

el lío	*mess*
el maníaco sexual	*sex maniac*
estar al corriente	*to know what's going on*
un poco gili	*a little silly*

Ⓐ ¿Tienen las flores algo que ver con el hecho de que don Alejandro había quemado toda la ropa de su esposa la noche anterior? ¿Tiene costumbre de llevar flores a la tumba de su esposa?

Ⓑ ¿Cómo clasifica don Eladio los tres tipos de opiniones que se oyen en el pueblo acerca de las relaciones de don Alejandro con Goyita? ¿Qué opina don Eladio?

Ⓒ Don Alejandro: «Estoy viviendo por primera vez en mi vida.» ¿Qué nos indica esta afirmación sobre sus relaciones con Goyita?

14. El castigo

Goyita llega tarde para la cena a su casa.

el castigo	*punishment*
el cinturón	*belt*
pegar	*to hit, beat*
tumbarse	*to lie down*
la muy jodida (*vulg.*)	*the little bitch*

Ⓐ Cuando la madre de Goyita no puede obtener una respuesta de ella, ¿a quién se dirige? ¿Cuál es el resultado?

Ⓑ ¿Qué significa el dicho de la madre: «Muerto el perro, se acabó la rabia»?

Ⓒ Normalmente, ¿cómo castiga su madre a Goyita?

D ¿Qué tipo de «castigo» usa el padre con Goyita? ¿Qué nos demuestra sobre las relaciones que tiene con su hija y con su mujer?

15. La despedida

Goyita le explica a don Alejandro por qué no se pueden ver más.

morderte las uñas *to bite one's nails*

ahora va de veras *this time it's for real*

A ¿Por qué le dice don Alejandro a Goyita: «Somos dos personas mayores; tú más que yo»?

B ¿Adónde se han llevado a Goyita? ¿Qué repercusión tiene su partida en la representación de *Macbeth*?

C ¿Qué quiere Goyita que haga don Alejandro por ella? ¿Por qué?

D ¿Qué le responde don Alejandro?

E Según Goyita, ¿qué es lo que don Alejandro no comprenderá nunca?

16. Los dos «curas»

Don Eladio y don Alejandro se divierten.

la novela policíaca *detective novel*

el rayo *lightning bolt*

el seminario *seminary:* **preparación para ser cura**

la sotana **ropa larga (como vestido) que lleva un cura**

ir a la trucha *to go trout fishing*

A ¿Qué le revela don Alejandro a don Eladio? ¿Cuál es la reacción de éste?

B ¿Por qué insiste don Eladio en que don Alejandro se ponga la sotana?

C ¿Qué está tratando de recitar don Alejandro?

D ¿Qué le confiesa, o insinúa, don Alejandro a don Eladio acerca de su vida, su matrimonio, sus amigos y a quién piensa dejarle su herencia cuando muera?

E ¿Qué clase de «bendición» le da don Eladio a don Alejandro? ¿Cómo lo toma don Alejandro?

17. El desafío y el final

Don Alejandro desafía al sargento a un duelo. El sargento no acepta; don Alejandro va al monte a preparar una emboscada.

el arma (*f.*) *weapon*

el cartucho *cartridge*

el desafío *challenge*

la emboscada *ambush*

cachondearse de (*vulg.*) *to make fun of*

partir la cara *to smash someone's face*

Delante del cuartel

A ¿Qué tipo de desafío le propone don Alejandro al sargento?

B ¿Por qué le dice don Alejandro que no corre peligro?

G Don Alejandro dice: «Tengo que matarle.»* Goyita dice: «Mátalo.» ¿ Cree Ud. que cuando Goyita dice «Mátalo» habla en serio?

En el monte

D ¿Qué saca don Alejandro antes de cargar su escopeta?

E Antes de abrir fuego, ¿espera a que «la pareja» esté lo suficientemente cerca?

F ¿Qué tipo de arma utilizan los guardias? ¿Es comprensible su acción en esas circunstancias?

G ¿Qué cartuchos usa don Alejandro? ¿Por qué?

Interpretación

1. ¿Es don Alejandro un excéntrico o simplemente un hombre sensible que se encuentra solo?

2. Cuando Goyita le pregunta a don Alejandro: «¿Te gusto... como mujer?», ¿sabe ella lo que significa la pregunta?

3. ¿Por qué siente Goyita la necesidad de controlar sus relaciones con don Alejandro?

4. Cuando don Alejandro le pregunta a Marisa por qué seleccionó a Goyita para hacer el papel de Lady Macbeth, la maestra le responde: « ...es inteligente y con un toque de maldad.» ¿Qué quiere decir?

5. Don Alejandro le dice a Marisa: «A mí siempre me han parecido las mujeres mucho más inteligentes que los hombres... y mucho más malas.» ¿Cómo interpreta Ud. este comentario?

6. ¿Hay alguien en el pueblo que realmente comprenda las relaciones entre don Alejandro y Goyita? ¿Las comprende Ud.?

7. En la escena en que don Alejandro se pone la sotana de don Eladio, ¿qué significa ese momento para los dos hombres?

8. Don Alejandro le dice a don Eladio: «No tengo nada que hacer en Salamanca... ni en ninguna parte.» ¿Por qué se siente así?

9. Don Alejandro ve a Goyita en la ventana en casa de su tía. Ambos sonríen brevemente y después él recobra la seriedad. ¿Por qué?

10. En la emboscada en el monte, ¿cuál es la verdadera intención de don Alejandro? ¿Cómo sabemos eso?

11. Si Ud. tuviera que juzgar las acciones de Goyita y su culpabilidad en conexión con la muerte de don Alejandro, ¿tendría en cuenta la edad de la joven? ¿Afectaría su juicio el hecho de saber de qué familia viene?

12. El título de la película se refiere claramente a la fascinación de Goyita por los pájaros y los nidos. ¿Implica este título también un significado más abstracto?

Actividades

1. ¿Quiénes son y cómo son?

Trabajando en parejas o en grupos pequeños, traten de identificar a estos personajes, dando una breve descripción en español.

1. don Alejandro _____

2. Goyita _____

* En este caso, don Alejandro usa el dialecto leísta y Goyita no.

3. el sargento _____

4. Eladio _____

5. Amparo _____

6. Marisa _____

7. «el muñeco» _____

8. Isabel _____

9. la Guardia Civil _____

10. Gregoria _____

11. «el hechicero» _____

2. ¿Quién lo dice?

Trabajando en parejas o en grupos pequeños, traten de identificar a los personajes que dicen lo siguiente, y a quién(es) se lo dicen, en la película *El nido*.

_____ 1. He vivido para nada.

_____ 2. Te prometo que te mato.

_____ 3. A mí siempre me han parecido las mujeres mucho más inteligentes que los hombres... y mucho más malas.

_____ 4. Mucho tricornio y poca autoridad.

_____ 5. Somos dos personas mayores; tú más que yo.

_____ 6. ¿Me tienes manía?

_____ 7. Me puede besar.

_____ 8. Estoy viviendo por primera vez en mi vida.

_____ 9. No me gusta este juego, Alejandro.

_____ 10. Es el único que tengo.

3. Debate: ¿Quién tiene la culpa?

Se podría decir, por muchas razones, que las relaciones entre don Alejandro y Goyita en *El nido* son extrañas, absurdas y, por último, trágicas. Sin embargo, lo que no está tan claro es cuál de los dos personajes es el más culpable. Aunque la actitud de Goyita es con frecuencia tortuosa y manipuladora, don Alejandro es un adulto que sin duda comprende perfectamente las acciones de ambos y sus inevitables consecuencias. A continuación se presenta un ejemplo de una proposición que expresa un lado de la controversia.

Proposición: Que la joven Goyita seduce a don Alejandro por medio de un juego, que lo incita conscientemente a seguir una amistad con latentes insinuaciones sexuales y que manipula sus acciones de forma que, por último, lo conducen a su muerte.

Cada grupo debe hacer una lista de todas las acciones de cada uno de los personajes que contribuyen, de algún modo, al trágico final de la relación.

Si quieren, pueden escoger otro tema apropiado para el debate,* con tal de que sea controvertible.

_____

* Para recordar cómo se organiza un debate, vea en la sección ***Avance**, El debate*.

CAPÍTULO

5

Los amantes del círculo polar

Julio Medem, 1998

 I Antes de ver la película

Julio Medem (1958–) director vasco (español)

El argumento de una película no siempre se revela en sucesión o cronológicamente. En muchos casos, se usan escenas retrospectivas[1] o breves inserciones paralelas y entrelazadas; algunas películas son, en su totalidad, escenas retrospectivas, un hecho que no percibimos hasta el desenlace[2] final. *Los amantes del círculo polar* está hecha de forma circular. Los acontecimientos que ocurren al principio están relacionados con las escenas finales. Los episodios que se ven a lo largo de la película se repiten desde una perspectiva distinta. Y, algunas partes que no comprendemos al principio, nos resultan más evidentes cuando las volvemos a observar desde otro ángulo.

Para conseguir este cambio de punto de vista, la historia se relata en forma de capítulos alternos. Los capítulos son narrados en la primera persona, que suele ser uno de los dos protagonistas principales, Ana u Otto. Cada vez que cambia el punto de vista, el capítulo recomienza, volviendo así a un tiempo pasado. El resultado es una película compleja que requiere una atención constante, esfuerzo que merece la pena, tanto desde un punto de vista emotivo como intelectual.

Una de las razones por las que Medem compone la historia de esta forma es la de mostrarnos la influencia del entrelazamiento entre la coincidencia y el destino. Debido a estos cambios de perspectiva, vemos que las acciones y los pensamientos de una persona pueden estar inexorablemente unidos a los de otra, o quizá seguir una línea paralela. Ana, por ejemplo, cree tan profundamente en la casualidad, que está dispuesta a forzar la situación para conseguir que se convierta en un hecho real, es decir, a provocar lo que ella cree que es su destino. En una circunstancia piensa que, si corre tras la furgoneta,[3] es

---

[1] escenas... *flashbacks*
[2] *outcome*
[3] *van*

hablando del tema...

¿Es posible que una historia sea un palíndromo? ¿En qué sentido?

La Plaza Mayor de Madrid, España

posible que la repartidora[4] tenga un paquete para ella. Es simplemente mera coincidencia lo que la lleva a Finlandia, pero Ana está convencida de que este viaje le proporcionará una coincidencia aún mayor. «Estoy esperando la casualidad de mi vida... la más grande... y eso que las he tenido muchas.»

Julio Menem es español, de la región vasca. El papel de Ana, de adulta, lo interpreta Najwa Nimri, originaria de Pamplona; el de Otto lo hace Fele Martínez, natural de Alicante. El hijo del director, Peru, aparece en el papel de Otto a los 8 años de edad. Medem ha hecho otras tres películas con anterioridad a *Los amantes del círculo polar: Vacas* (1991, una historia sobre el país vasco de los años 1870–1935); *La ardilla roja* (1993) *y Tierra* (1996).

Otras películas con argumentos similares: *A Map of the Human Heart* (1992)

El ambiente cultural

La mayor parte de la película tiene lugar en los suburbios del Madrid actual. Al comienzo, vemos a dos niños, Otto y Ana, que asisten a dos escuelas vecinas, localizadas en un vecindario de la clase media. Dado lo que podemos observar en la clase de Otto, son escuelas que proporcionan un ambiente progresista y relajado. Otto vive con su padre y su madre en un piso; su padre tiene un Dos Caballos.[5] Cuando al padre le dan una promoción en el trabajo, vemos a éste conduciendo un *Volvo*. Más tarde, observamos que la familia se ha trasladado a un chalet, una casa unifamiliar situada probablemente a unos veinte o treinta minutos del centro de la ciudad.

Una escena importante sucede en la Plaza Mayor de Madrid, una de las plazas más antiguas y famosas de España (siglo XVII). Es un lugar donde uno puede pasear, tomarse una cerveza con unas tapas,[6] o simplemente sentarse al aire libre. Algunas noches se dan conciertos de rock en uno de los lados de la plaza.

---

[4] *delivery person*
[5] Dos... coche de marca Citroën
[6] aperitivos, entremeses

Laponia, Finlandia

El resto de las escenas tiene lugar en Laponia, dentro del Círculo Polar. La zona de Laponia que nos muestra la película se encuentra en el norte de Finlandia (otras de las zonas de Laponia están en Noruega, Suecia y Rusia). La cabaña, junto al lago, está localizada justo en el Círculo Polar Ártico, a unos veinte minutos en coche de la ciudad de Rovaniemi.

La trama

Nos presentan a Ana y a Otto en tres etapas de sus vidas: a los 8 años, como adolescentes y de adultos. Al comienzo de la película, vemos que Ana y Otto, ya adultos, se van a reunir en Finlandia, dentro del Círculo Polar. Ana dice que espera que se produzca una casualidad, «la más grande de mi vida». Por medio de escenas retrospectivas, los dos nos cuentan una serie de acontecimientos, coincidencias y el destino que los reunirá en los confines de la tierra.

Otto: En el primer capítulo, Otto, pilotando sobre Finlandia un avión de transporte, recuerda cómo conoció a Ana cuando sólo tenían 8 años. Unos niños juegan al fútbol con un balón a la salida de la escuela; lo chutan[7] con gran fuerza y se les pierde. Otto corre tras él y ve a una niña de su edad corriendo en la misma dirección. Ella tropieza[8] y se cae; se miran el uno al otro. «Yo no sabía nada de niñas. ¿Adónde corren las niñas?» Otto está intrigado... Más tarde, en el coche hacia casa, se entera de que su padre va a abandonar a su madre. «Todo empieza y termina», dice su padre. «No todo», le responde Otto. El muchacho se niega a aceptar el hecho de que el amor entre sus padres haya terminado. A su madre le promete: «Yo siempre te querré.»

Ana: En la versión que nos da Ana del primer capítulo, descubrimos por qué corre: su madre acaba de darle la noticia de la muerte de su padre y ella no la quiere aceptar. Ana corre dolida y furiosa, en un esfuerzo por volver al pasado. Al tropezar, ve a Otto. «¿De dónde salió ese niño —de la muerte de mi padre?» Durante algún tiempo, está convencida de que el joven Otto

hablando del tema...

¿Puede pensar en alguna razón por la cual un guionista que está escribiendo una historia de amor lo haga de forma que los amantes acaben viviendo cada uno en una parte del mundo completamente distinta?

---

[7] *shoot, kick*
[8] *trips*

es la reencarnación de su padre —pero más guapo— que ha venido para protegerla.

En breve, Ana y Otto se conocen de niños y se hacen amigos. Su vida sigue su ritmo hasta que el destino interviene. El padre de él y la madre de ella contraen matrimonio. Ana y Otto se enamoran y disfrutan de su nuevo amor pero, una vez más, el destino juega su papel: la madre de Otto, a quién él adora, muere, y Otto, vencido por el dolor, lo abandona todo, incluso a Ana. Esta trata de rehacer su vida y, por casualidad, encuentra otra conexión con Otto, una que la lleva al borde de un mundo de hielo, donde tal vez su amor llegue a la meta final, debido a la mayor coincidencia de sus vidas.

Para pensar

Las siguientes preguntas se basan en observaciones relacionadas con la primera parte de la película, para ayudarle a penetrar en la obra y a comprender el carácter de los personajes que va a ver. Dado que las respuestas van a ser en su mayor parte subjetivas, se recomienda que las comente con sus compañeros.

1. Ante las casualidades, con frecuencia nos preguntamos si son simples coincidencias o si se trata del destino. El dilema es el mismo en la película de Medem: ¿Son cosas del azar[9] o del destino?

2. Hay quienes creen, de manera casi mística, que uno está predestinado a compartir la vida con una sola persona. Si esto es cierto, ¿qué podemos hacer para reconocer a esa persona cuando la encontramos?

3. Esta historia se desarrolla durante un período de diecisiete años. Los niños se convierten en adolescentes y más tarde en adultos. Describa el problema que surge en una película cuando se quiere demostrar la transición entre una etapa de la vida y la siguiente. Observe cómo confronta este problema Medem.

4. Cuando una pareja se divorcia y cada uno de ellos vuelve a casarse, a menudo se forman nuevas familias en las que sus respectivos hijos pueden llevarse o no llevarse bien. ¿Cree Ud. que es común que entre estos jóvenes (sin lazos sanguíneos[10] que los unan) surja el amor?

5. Uno de los personajes de la película se encoge de hombros y dice: «Hay ciertas cosas que no se pueden explicar.» Pero, ¿es cierto eso? Si supiéramos lo suficiente sobre las circunstancias, ¿no cree que seríamos capaces de explicar parte de lo sucedido?

Predicción

Basándose en lo que sabe hasta este punto por medio de la información que se le ha dado y por sus propias deducciones, escriba una breve predicción respecto al desenlace de esta historia. Tras haber visto la película, compare su predicción, y la de sus compañeros, para ver si coinciden con el final verdadero.

_____

_____

_____

[9] *chance*
[10] lazos... *blood relationship*

_____

_____

_____

_____

 ## II Después de ver la película

Las escenas

La composición del argumento, en este caso, quiere reflejar el hecho de que, aunque las situaciones ocurren paralelamente, este paralelismo tiene que ser representado de forma sucesiva en la película. Es decir, una versión de la realidad sigue a la otra, aunque, en verdad, ocurren simultáneamente.

Las siguientes preguntas sobre las escenas van acompañadas de vocabulario que aparece por varias razones. Las palabras pueden extraerse del diálogo hablado o de elementos visuales clave de la escena. Se dan aquí porque necesitan ser traducidas o porque pueden servir de recordatorio sobre lo que está ocurriendo, para ayudarle a comentar la escena en sí.

1. Capítulo uno (Otto) ————————————————

Otto corre tras un balón que alguien ha chutado fuera del patio de la escuela, y tropieza con una niña que corre en la misma dirección que él.

chutar   *to kick (a ball)*

la conjetura   *conjecture*

Ⓐ ¿Por qué corre Otto hacia el bosque?
Ⓑ Cuando ve a la niña, ¿qué se pregunta?
Ⓒ «Pero no fue así... » ¿Qué implica esto sobre sus conjeturas?

Más tarde, en el coche, el padre de Otto le dice que va a abandonar a su madre.

caducar   *to expire, run out*

implacable   *relentless*

Ⓐ El padre dice: «Todo empieza y termina.» Otto dice: «No todo.» ¿Por qué dice eso?
Ⓑ El padre dice: « ...así es la vida, implacable, alegre y triste... todo caduca con el tiempo, también el amor». ¿Qué comparación hace el padre entre su punto de vista y el hecho de quedarse sin gasolina?
Ⓒ El padre casi choca con un autobús. ¿Qué hace Otto?
Ⓓ El padre le dice a Otto que se va a separar de su madre. ¿Cómo reacciona el niño?
Ⓔ ¿Qué le dice Otto a su madre más tarde?

De nuevo en la escuela, Otto lanza docenas de aviones de papel desde la ventana del servicio. Todos los aviones llevan el mismo mensaje escrito.

el servicio   *restroom*

cursi   *tacky*

Ⓐ ¿A qué se refiere Otto en sus mensajes?
Ⓑ ¿Desde dónde lanza los aviones?

ⓒ ¿Qué opinan los niños de la nota?

ⓓ ¿Qué impulsa a Otto a mandar estos mensajes?

ⓔ ¿Por qué está Otto tan fascinado con Ana?

ⓕ ¿Qué sorpresa encuentra el niño cuando sube al coche de su padre?

ⓖ ¿Cómo lo saluda Ana en el coche?

2. Capítulo uno (Ana)

Tras ver la expresión en la cara de su madre, Ana huye furiosa, se cae y, cuando levanta la vista, ve a Otto.

huir (de)   *to run away (from)*

ⓐ ¿De qué quiere escaparse Ana?

ⓑ ¿Qué se pregunta cuando ve a Otto?

ⓒ ¿Ve la niña una posible conexión entre la muerte de su padre y Otto?

ⓓ ¿Por qué dice: «Papá no ha muerto»?

Ana encuentra uno de los aviones de papel y se lo muestra a su madre, diciéndole: «Venía de mi padre.»

ⓐ Ana encuentra uno de los aviones de papel. ¿Lo guarda?

ⓑ ¿Le gusta el mensaje a su madre?

ⓒ ¿Quién dice Ana que escribió el mensaje? ¿Por qué?

ⓓ ¿Por qué se dice a sí misma: «Aquel mensaje venía de mi padre»?

ⓔ ¿Qué quiere Ana que su madre tenga en la vida?

ⓕ ¿Por qué está Ana fascinada con Otto?

Otto sube al coche de su padre y ve a Ana y a la madre de ésta dentro.

el/la cabezota	*stubborn/pig-headed person*
el capicúa	*reversible number*
el palíndromo	*palindrome, word with reversible spelling*
echar(se) besos	*to throw kisses (to each other)*
marearse	*to become/feel dizzy, nauseated*
empapado/a	*soaked*

ⓐ ¿Cómo está Otto cuando sube al coche?

ⓑ ¿Qué le dice Ana a Otto?

ⓒ ¿Quién dice, «pues, dime algo»?

ⓓ Según Ana, ¿cuál es el nombre real de Otto?

ⓔ ¿Quién piensa: «Si tu nombre es capicúa, trae buena suerte»?

ⓕ Ana dice que no se encuentra bien. ¿Es verdad?

ⓖ ¿Por qué piensa Ana que Otto le habla por fuera y su padre por dentro?

ⓗ ¿En qué sentido podríamos decir que Ana es cabezota?

ⓘ ¿Se echan besos los niños cuando Otto baja del coche?

3. Capítulo dos (Otto)

De repente, Ana y Otto ya no son niños.

el frenazo	*sudden stop*
de golpe	**de repente;** *suddenly*

Otto se está enamorando de Ana

Ⓐ ¿Qué cambios notamos en la vida de la «familia»?

Ⓑ La madre de Ana dice: «Ahora sois como hermanos.» Ana dice: «Yo no quiero un hermano.» Otto: «Yo tampoco.» ¿Por qué dicen eso?

Ⓒ Los cambios llegan de golpe. ¿Qué cambios han ocurrido tras el frenazo ante el autobús?

Ⓓ Otto le toca la pierna a Ana. ¿Qué significado tiene esa acción?

Ⓔ ¿Dónde vive Otto? ¿Y Ana?

Ⓕ ¿Qué quiere decirle Otto a Ana?

4. Capítulo dos (Ana)

Ana se da cuenta de que los mensajes en los aviones no venían de su padre, sino de Otto. Ahora ve a Otto desde otra perspectiva.

cumplir (una promesa)	*to keep*
deshacerse de	*to get rid of*
estar enganchado/a	*to be hooked, caught*
agradecido/a	*grateful*

Ⓐ ¿En qué sentido necesita tiempo Ana para deshacerse del Otto de antes?

Ⓑ Un día escucha una historia que le cuenta Otto. ¿De qué trata?

Ⓒ ¿Qué llega a comprender ahora Ana sobre quién escribió los mensajes en los aviones de papel?

Ⓓ ¿Qué descubre sobre Otto?

Ⓔ ¿Por qué se dice a sí misma: «Yo también quiero estar enamorada»?

5. Capítulo tres (Otto)

Ana y Otto se enamoran. Otto viene a vivir a casa de su padre.

el reno	*reindeer*
la temporada	*por algún tiempo*
presumir	*to brag, show off*
mudo/a	*deaf*
te lo paso	*I'll let you talk to him*
¡Valiente!	*Be brave!*

Ⓐ Mientras estudian juntos, Otto no puede concentrarse. ¿Cuál es su problema?

Ⓑ ¿Quién besa a quién?

Ⓒ Otto abandona el hogar de su madre para estar cerca de Ana. ¿Cómo se siente el muchacho? ¿Cómo reacciona su madre?

Ⓓ El retrato familiar: ¿Quién le da una nota a quién? «Esta noche te espero en mi cuarto. Salta por la ventana. ¡Valiente!»

Ⓔ La visita. ¿Finge Ana estar dormida?

Ⓕ ¿Es ésta una situación difícil para Otto?

Ⓖ El retrato familiar parece distinto en la foto. ¿A quiénes se les ve cambiados?

Otto va a visitar a su madre y la encuentra muerta. Se siente culpable y quiere suicidarse.

la culpa	*guilt*
las moscas	*flies*
el trineo	*sleigh, sled*

largarse	*to get out of* (*here*)
rescatar	*to rescue*
hacia arriba	*uphill*

Ⓐ La madre de Otto ha muerto, sola. ¿Ha faltado él a la promesa que le hizo?

Ⓑ ¿Por qué reacciona retornando a su niñez, ante la muerte de su madre?

Ⓒ ¿Por qué debe perdonar a su padre?

Ⓓ ¿De qué forma quiere suicidarse Otto?

Ⓔ Cuando choca contra un árbol y ve que está vivo, ¿qué se pregunta?

Ⓕ Ana lo encuentra. ¿Cómo se siente él en ese momento? («¿Quieres ser mi madre?»)

6. Capítulo tres (Ana)

Ana nos cuenta la vida amorosa secreta entre ella y Otto, y la fuerte reacción del joven ante la muerte de su madre.

el bicho raro	*strange kid*
la cursilada	**algo cursi** (*tacky*)
roncar	*to snore*
¡Joder! (*vulg.*)	*Shit!*
¡Me da igual!	**¡No me importa!**

Ⓐ ¿Cómo ve Ana sus relaciones con Otto?

Ⓑ ¿Es más excitante la situación debido a la necesidad de guardar el secreto de no haberse despertado a tiempo, dado que Otto está a punto de ser descubierto debajo de la cama?

Ⓒ El corazón rojo: ¿Es para su madre o para su hermana?

Ⓓ Agencia de viajes: «Laponia». ¿Es coincidencia?

Ⓔ La madre de Ana encuentra un puesto de locutora de televisión pero, ¿qué descubrimos más tarde sobre su trabajo?

Ⓕ Ana está presente durante la cremación de la madre de Otto. Más tarde, se le ve montada en un trineo[11] con Otto. ¿En qué se diferencia su versión?

Ⓖ Ana le dice a Otto: «Tú no estás muerto, así que no voy a llorar.» ¿Qué nos recuerda esta declaración?

Ⓗ Poco despúes, Otto desaparece. ¿Cómo reacciona Ana?

7. Capítulo cuatro (Otto/Ana)

Otto y Ana van por caminos distintos.

la casualidad	**coincidencia**
las gasté	*I used them up*
amargado/a	*bitter*

Ⓐ ¿Qué están haciendo Otto y Ana para expresar su frustración?

Ⓑ ¿A quién vemos golpeando la pared?

Ⓒ Describa la oportunidad perdida del encuentro en la Plaza Mayor de Madrid.

Ⓓ Ese mismo día, ¿qué impulsa a Otto a conseguir un trabajo?

Ⓔ Asimismo, ¿qué empuja a Ana hacia otro empleo?

Ⓕ ¿Quién dijo: «Tuve que inventar un destino»? ¿A qué destino se refiere?

Ⓖ Otto visita la casa de su padre, a quien se le ve amargado. El joven le pregunta: «¿Sigues enamorado de Olga?» ¿Cómo reacciona?

Ⓗ En esa época, ¿qué vida lleva Otto?

---

[11] *sled*

8. Capítulo cuatro (Otto/Ana)

Las vidas de Ana y Otto son vidas vacías, sin dirección. Ninguno de los dos está contento.

la cabaña	*cabin*
Laponia	*Lapland*
el padrastro	*stepfather*
vacío/a	*empty*

Ⓐ Ana está de maestra en una escuela de niños. Uno de ellos lanza un avión de papel. ¿Lleva algún mensaje?

Ⓑ ¿Por qué va Ana a visitar a Alvaro, su padrastro?

Ⓒ ¿A qué se refiere cuando le dice a su madre «No es mi profe; soy yo la profe»?

Ⓓ ¿Sabe Ana dónde está Otto?

Ⓔ Alvaro le dice: «Si os hubierais llevado bien como hermanos... » ¿Es irónico este comentario?

Ⓕ ¿Piensa Ana ir a Australia?

Ⓖ Coincidencia: El padre del amante de Olga (que también se llama Alvaro) tiene una cabaña. ¿Dónde?

9. Capítulo cinco (Otto)

Otto recibe un mensaje de Ana, y una indicación indirecta de dónde está.

el remite	*return address*
el sobre	*envelope*

Ⓐ ¿Qué tipo de películas ve Otto con su padre? ¿A quién le gustan?

Ⓑ ¿Qué contiene el paquete que recibe Otto mientras visita a su padre?

Ⓒ ¿Por qué dice el remite: «FIN-LANDIA»?

Ⓓ ¿Cómo ha llegado desde Finlandia?

Ⓔ ¿Qué está escrito en el avión de papel?

Ⓕ ¿Cómo es posible que alguien te espere por la *noche* mirando al *sol*?

Ⓖ La carta hace referencia a «la casualidad que estábamos esperando... » ¿Qué casualidad?

Ⓗ ¿Qué historia nos cuenta también la carta?

10. Capítulo cinco (Ana)

Ana se instala en la cabaña en Finlandia. El dueño de ésta resulta ser Otto, el mismo piloto alemán que fue rescatado por el abuelo del Otto joven.

la furgoneta repartidora	*delivery van*
inquietarse	**ponerse ansioso/a**
¡Qué bien! De puta madre. (*vulg.*)	*Great! Fucking great.*
¿Qué más da?	**¿Qué importa?**

Ⓐ ¿En qué sentido es Ana la «nieta» del viejo Otto?

Ⓑ Ana habla con el viejo. ¿Qué otras coincidencias descubre ella?

Ⓒ ¿Qué tiene de único la cabaña?

Ⓓ ¿Qué casualidad encuentra dentro de la cabaña?

Ⓔ ¿Le trae a Ana la furgoneta repartidora lo que espera?

Ⓕ ¿Qué recibe de Australia?

Ⓖ ¿Qué nueva información obtiene al ver el vídeo?

11. Capítulo seis (El Círculo Polar)

Los amantes se encuentran ahora, sin saberlo, muy cerca el uno del otro.

San Juan   el 24 de junio, fiesta tradicional cristiana que coincide, más o menos, con el solsticio de verano, el día más largo del año

Ⓐ ¿Qué escribe Otto en el mapa que tiene en el avión?

Ⓑ El avión está en piloto automático. ¿Dónde está Otto?

Ⓒ Otto está suspendido de un árbol, riéndose. ¿Por qué?

Ⓓ ¿Por qué no se pone el sol en San Juan? ¿Quién va a sentarse afuera a esperar?

Ⓔ ¿A qué o a quién espera Ana? «Estoy esperando la casualidad de mi vida, la más grande.»

Ⓕ ¿Qué oye Ana? ¿Lo oye Otto también? ¿Puede verlo?

Ⓖ Ana corre para alcanzar la furgoneta repartidora y se entera de una noticia. Sube a la furgoneta en dirección a la ciudad. ¿Por qué?

Ⓗ Mientras tanto, un hombre que conduce un jeep oye la llamada de Otto y va a rescatarlo. ¿Se le ha visto a este hombre en la película anteriormente?

Ⓘ Cuando ya está abajo, Otto le pregunta sobre Ana. ¿Qué le contesta él?

12. Capítulo siete (los ojos de Ana)

Ana llega a Rovaniemi en la furgoneta repartidora. Paran delante de un quiosco.

el quiosco   **kiosko**

Ⓐ Ana encuentra un periódico. ¿En qué idioma está escrito?

Ⓑ ¿Quién está mirando a través del cristal de la ventana?

Ⓒ ¿Qué se oye después?

Ⓓ ¿Qué pasa con el periódico?

Ⓔ ¿Hacia dónde corre Ana?

Ⓕ El viejo Otto está en la escalera. ¿Qué le dice a Ana?

Ⓖ ¿Cómo reacciona Ana cuando ve al joven Otto?

Ⓗ ¿Por qué pregunta: «Es él, ¿verdad?»

Ⓘ Los amantes se abrazan. ¿Qué notamos en los ojos de ella?

13. Capítulo ocho (Otto en los ojos de Ana)

Otto llega a Rovaniemi un minuto después de Ana.

la pupila   *pupil* (**del ojo**)

dilatar   *to dilate, open wide*

no venir al caso *to be irrelevant*

Ⓐ Otto también se dirige a Rovaniemi por la misma carretera. ¿Cómo consigue el conductor llegar a la ciudad al mismo tiempo que la furgoneta?

Ⓑ En la ciudad, casi chocan contra algo. ¿Contra qué?

Ⓒ En ese instante, Otto le hace una pregunta al conductor que, aparentemente, no viene al caso. ¿Qué le dice?

Ⓓ ¿Qué ocurre cuando el autobús dobla la esquina?

Ⓔ ¿Qué ve Otto en la calle?

Ⓕ ¿Qué vemos reflejado en los ojos de Otto? ¿Cambia la imagen cuando las pupilas de los ojos de Ana se van dilatando?

Interpretación

1. Aunque existe cierto ambiente mágico en partes de esta película, ¿la consideraría Ud. como un ejemplo de cine realista mágico?

2. ¿Cuál es la relación entre el prólogo, al principio de la película, y la escena final?

3. ¿Por qué se emplea esta estructura en la película? ¿Tal vez para que podamos analizar la historia desde dos puntos de vista?

4. ¿Diría Ud. que lo que existe entre Ana y Otto es un amor prohibido, dado que sus respectivos padres están unidos en matrimonio?

5. ¿Quién inicia las relaciones íntimas entre Otto y Ana? ¿Opina Ud. que esto es típico?

6. Cuando era niño, Otto le prometió a su madre que nunca la abandonaría. ¿Por qué se va a vivir con su padre después?

7. Cuando muere la madre de Otto, vemos el rostro del muchacho cuando sólo tenía 8 años, algo que implica que es el niño el que tiene que hacerle frente a la situación. ¿Por qué retrocede a la niñez el Otto adulto?

8. ¿Por qué se separó Alvaro (el padre de Otto) de Olga, dado que más tarde admite que todavía la ama?

9. Tras haber estado a punto de matarse al chocar su trineo contra un pino, Otto pregunta: «¿Dónde está mi madre?» Ana le responde: «Nadie lo sabe. Eso depende de ti.» ¿Qué quiere decir?

10. ¿En qué se diferencia la escena de la coincidencia del fracasado[12] encuentro en la Plaza Mayor de Madrid de las escenas a las que Hollywood nos tiene acostumbrados?

11. Recuerde la historia del piloto alemán que saltó en paracaídas[13] sobre Guernica.* ¿Cuál es su relación con la familia de Ana u Otto?

12. ¿Quién dice: «Mi vida sólo ha dado la vuelta una vez y no del todo. Falta la más importante»? ¿Qué significan esas palabras?

13. En su último día en Finlandia, ¿por qué va Ana a la ciudad? ¿Y Otto?

14. ¿Qué noticia aparece en el periódico?

15. Las películas de este tipo parecen afirmar: «Sí, es verdad que podemos ejercer nuestra propia voluntad y hacer lo que queramos... » Pero, ¿es posible que otras fuerzas invisibles e incontrolables provoquen aquello entre lo que podemos elegir? Comente.

Actividades

1. ¿Quiénes y cómo son?

Trabajando en parejas o en grupos pequeños, traten de identificar a estos personajes, dando una breve descripción en español.

---

[12] *failed*
[13] *parachute*

* Guernica: capital tradicional de Vizcaya, una de las provincias del País Vasco, bombardeada en 1936 por aviones alemanes, con el consentimiento de Francisco Franco.

1. Otto (joven) _____

2. Otto (viejo) _____

3. Alvaro (español) _____

4. Alvaro (finlandés) _____

5. Olga _____

6. Cristina _____

7. la madre de Ana _____

2. ¿Quién lo dice?

Trabajando en parejas o en grupos pequeños, traten de identificar a los personajes que dicen lo siguiente, y a quién(es) se lo dicen, en la película, *Los amantes del círculo polar*. En el caso de Otto, usen «Otto joven» u «Otto viejo».

_____ 1. ¿De dónde salió ese niño?

_____ 2. Todo empieza y todo termina.

_____ 3. Ahora sois como dos hermanos.

_____ 4. Estoy esperando la casualidad de mi vida, la más grande.

_____ 5. Esta noche te espero en mi cuarto.

_____ 6. ¿Quieres ser mi madre?

_____ 7. Tú no estás muerto, así que no voy a llorar.

_____ 8. Si tu nombre es capicúa, trae buena suerte.

_____ 9. No, mi padre no ha muerto. No.

_____ 10. Mi vida ha dado una vuelta una vez y no del todo. Falta la más importante.

3. Un árbol genealógico

Las intricadas relaciones que se entrecruzan en esta historia pueden comprenderse mejor si se traza un árbol genealógico. Los siguientes personajes están relacionados, bien sea por lazos sanguíneos o por casamiento. Algunos, como hemos visto, contrajeron matrimonio más de una vez. Trabajando en grupos, traten de diseñar un árbol genealógico que lo presente todo más claro.

Otto (el piloto alemán)	**Alvaro (finlandés)**
el abuelo del Otto joven	**Alvaro (español)**
Cristina	**Olga**
el padre de Ana	**Otto joven**
la madre de Ana	**Ana**

4. Panel: Imágenes y referencias

En esta película hay un gran número de imágenes que se repiten en épocas distintas y cuyos significados son diferentes. Al mismo tiempo, los personajes hacen referencia a personas, lugares o cosas coincidentes que, de alguna forma, están relacionados con otra situación u otro acontecimiento.

Formen un panel de expertos* para ver 1) cuántos ejemplos de las siguientes imágenes o referencias pueden identificar en la película, 2) en qué parte de la historia aparecen o son mencionadas y 3) su significado en el contexto.

los círculos	el frío
los aviones	el piloto
el piloto automático («autopiloto»)	el autobús rojo
la gasolina	los mapas
el capicúa	los renos
el paracaídas	los frenazos
las colisiones	Laponia
Guernica	música finlandesa
los ojos	el viento

5. Debate: Dos formas de interpretar la escena final

Los amantes del círculo polar es obviamente una historia de amor y, al mismo tiempo, una historia que trata de escapar del destino, de evitar que éste destruya lo que ya se ha conseguido. Para cuando los jóvenes amantes llegan al Círculo Polar, ambos ven su vida como círculos incompletos, en espera de las coincidencias que la completarán. Quizá ya sepamos lo que va a ser su destino, tal vez siempre lo supimos, pero, ¿cómo acaba la historia en realidad?

Proposición: Que *Los amantes del círculo polar* es una historia de amor genuino, pero una historia en la que los amantes se enfrentan constantemente a los esguinces y desvíos de la casualidad y el destino hasta que, al final, parece que la suerte jugará el papel de reunirlos felizmente, una reunión que, por desgracia, acabará en tragedia. (Afortunadamente, también tenemos la otra versión.)

Si quieren, pueden escoger otro tema apropiado para el debate,† con tal de que sea controvertible.

---

* Para recordar la organización de un panel de expertos, vea en la sección *Avance, El panel de expertos.*
† Para recordar cómo se organiza un debate, vea en la sección *Avance, El debate.*

6

The Mission

ROLAND JOFFÉ, 1986

Roland Joffé (1945–), director inglés

hablando del tema...

¿Cree que es posible que la música pueda tener un efecto calmante sobre una tribu hostil? ¿Qué tipo de música podría causar ese efecto?

I Antes de ver la película

The Mission es una de las películas más notables sobre la tentativa de la Iglesia europea, en particular de la Iglesia católica española, de propagar el cristianismo a través del aún no explorado Nuevo Mundo. Aunque la versión es en inglés, la historia (basada en un hecho real), el marco en que tiene lugar y el problema fundamental que enfrentaban los misioneros jesuitas son temas ineludiblemente[1] españoles.

Es una historia con diversos argumentos: la manera etnocéntrica en que los europeos tendían a juzgar a los pueblos indígenas que consideraban «no civilizados», y el potencial destructivo para imponer sus valores sobre ellos; el conflicto entre la fe y la avaricia,[2] entre la autoridad política y la religiosa; el choque entre la resistencia pacifista y la lucha por una causa noble y la necesidad personal de poner en cuestión los propios votos de obediencia. Algo de lo que no se habla es la razón de la existencia de dichas misiones. A pesar de los esfuerzos bienintencionados de dedicados religiosos como el padre Gabriel, uno no puede evitar preguntarse si no habría sido mejor no interferir en la vida de estos «nobles salvajes».

Desde el punto de vista cinematográfico, Roland Joffé capta con gran detalle la época y el ambiente: el espectador logra probar el polvo y tocar el fango. Los protagonistas, Jeremy Irons (el padre Gabriel) y Robert De Niro (Rodrigo Mendoza), nos ofrecen una de sus mejores actuaciones. La partitura[3] musical, de Ennio Morricone, es seductiva —observe especialmente el motivo musical que introduce el padre Gabriel, con su oboe, en medio de la selva, y que nos mantiene cautivos[4] a lo largo de la película. La historia origi-

---

[1] *unavoidably*
[2] *greed*
[3] *score*
[4] *captive*

Asunción, Paraguay

nal tuvo lugar en la colonia de Asunción y en las selvas de las zonas fronterizas de Argentina, Paraguay y Brasil, sobre las espectaculares cataratas del Iguazú. *The Mission* se rodó cerca de las cataratas, cuyo estruendo[5] y rociada[6] son un elemento clave de la película y una de las razones por las que recibió el Oscar a la mejor cinematografía en 1986. Fue nominada en otras seis categorías, incluida la de Mejor Película.

Otras películas sobre la conquista de Latinoamérica: *Aguirre, The Wrath of God*; *Cabeza de Vaca*; *At Play in the Fields of the Lord*.

El ambiente cultural

Para la época en que tuvo lugar esta historia, las colonias españolas habían estado establecidas por casi trescientos años. El centro cultural y político de la región, a lo largo de la frontera entre Argentina y Paraguay, era Asunción, actualmente la capital de Paraguay. Allí, prácticamente una ciudad amurallada,[7] la vida de los colonizadores era parecida a la de Europa: apartamentos, mercados, una iglesia, ropa fina, buenos vinos, incluso jóvenes esclavos indígenas para atender a todas sus necesidades, y una imponente verja[8] para proteger de la «peligrosa jungla» a los residentes e impedir la entrada de los «salvajes».

Las misiones que se encontraban tras las murallas eran muy distintas. Las construían generalmente los miembros de las tribus locales, usando materiales accesibles, en bruto: madera y adobe. Había que atender a los animales y las cosechas. No obstante, sobraba tiempo para la indoctrinación: la misa y las ceremonias religiosas marcaban el paso de la vida de la gente. En la misión, a los indígenas no se les consideraba como a enemigos ni como a un pueblo primitivo, digno únicamente de la esclavitud o de algo peor. Pero no todos opinaban así: «No son más que animales», dice el arrogante don Cabezas.

---

[5] *roar*
[6] *spray*
[7] *walled*
[8] *gate*

hablando del tema...

Mientras los españoles y los portugueses intentaban cristianizar, o explotar, a los pueblos indígenas de Centro y Sudamérica, los ingleses y los franceses manipulaban a los «indios» a su manera. ¿En qué se diferencia el trato que recibieron los indígenas norteamericanos del que recibieron los aztecas, los incas y los guaraníes?

hablando del tema...

¿Es posible que la suposición de que la civilización europea resultaría beneficiosa para los pueblos indígenas esté basada en el malentendido de lo que significa ser «civilizado»?

Asimismo, ¿es posible que los exploradores y colonizadores europeos dieran por sentado, erróneamente, que el hecho de que un grupo de gente tuviera dioses y ritos distintos de los suyos, no usara ropa ni herramientas como las suyas, o porque hablara un idioma diferente, fuera por lo tanto «primitivo» y necesitara ser «civilizado»?

Basándonos en hechos históricos, actualmente podemos reflexionar y preguntarnos si el propósito primordial de las misiones de convertir a estos pueblos fue el de ayudarles a llevar una vida mejor como indígenas, o más bien a «civilizarlos», erradicando gradualmente todo vestigio de su patrimonio cultural. La experiencia de los últimos quinientos años, en ambos continentes, nos sugiere que su propósito fue este último. En este caso, aparentemente triunfaron.

La Iglesia juega un papel ambiguo en esta historia, como lo hace a través de la historia de la colonización. Su Eminencia, el cardenal Altamirano, llega a Asunción con gran ostentación. Su cometido: determinar si la Iglesia debe continuar apoyando los esfuerzos de los jesuitas por establecer misiones en la zona. Hay quienes opinan que los jesuitas tienen demasiado poder y que sería más expeditivo, desde el punto de vista político, «liberar» las misiones. El cardenal Altamirano es un hombre comprensivo, claramente lo suficientemente humano para emocionarse ante la belleza pura y la productividad de las misiones, incluida la de San Carlos. Aun así, lleva en el bolsillo una carta del Papa con órdenes específicas, que él lleva a cabo[9] sin convicción —no sin un toque de ambigüedad.

La trama

El cuerpo inerte de un jesuita, atado a una ruda cruz, flota río abajo en una densa jungla. El espantoso crucifijo va dando tumbos por los rápidos rocosos hasta el punto en que, en un momento lleno de terror y belleza hipnótica, se avalanza doscientos pies hacia el estruendoso remolino[10] de una catarata.

Estamos en 1758. Una orden de misioneros jesuitas trata de establecer una misión, conocida con el nombre de San Carlos, en la tribu de los guaraníes indígenas que viven en la selva situada sobre las cataratas del Iguazú. Dado el grave riesgo a que se exponen si fracasan en su intento, es aún más impresionante su resolución de proseguir con el proyecto. Debido a que el padre Gabriel es el responsable de los jóvenes monjes de la provincia, y de haberlos destinado él mismo al elevado sitio de la proyectada misión, rehúsa el retorno de ninguno de ellos. Es el padre Gabriel, solo, el que comienza el ascenso del abrupto risco.[11]

Tras alcanzar el alto, el padre Gabriel calma a los guaraníes con la melodía de su oboe y, poco a poco, se gana su confianza. Pronto tiene que enfrentarse con un peligroso competidor: el capitán Rodrigo Mendoza, cazador de esclavos, quien considera a los indígenas tan sólo como objetos de comercio. Por una jugada del destino,[12] el hombre del clero[13] y el de la espada acaban siendo cohortes improbables en la lucha por la defensa de la tribu de la brutal subyugación por parte de los imperios de España y Portugal.

Para pensar

Las siguientes preguntas se basan en observaciones relacionadas con la primera parte de la película, para ayudarle a penetrar en la obra y a comprender el

---

[9] lleva... *carries out*
[10] *swirling*
[11] risco abrupto... *steep cliff*
[12] jugada... *twist of fate*
[13] hombre... *clergyman*

carácter de los personajes que va a ver. Dado que las respuestas van a ser en su mayor parte subjetivas, se recomienda que las comente con sus compañeros.

1. El período histórico en que tienen lugar estos hechos es parte de lo que se conoce con el nombre de El Coloniaje: el descubrimiento de nuevos mundos, riquezas, incluso de nueva «tecnología». En aquellos tiempos, ¿en qué sentido cree Ud. que la Iglesia y el Estado necesitaban apoyarse mutuamente?

2. Imagínese que Ud. pertenece a una orden religiosa en la relativamente sofisticada España del siglo XVIII. Tras hacer los votos de pobreza, obediencia y castidad, lleva una vida dedicada a la oración, al estudio y a la horticultura. ¿Qué supondría para Ud. enterarse ahora, como en el caso del padre Gabriel, que ha sido destinado a establecer una nueva misión en las selvas de Sudamérica, considerando que no puede desobedecer las órdenes que recibe?

3. Una de las ironías poéticas de esta historia real es que un mercader[14] de esclavos se una a las filas[15] de aquéllos que luchan por salvar a la misma gente a quien los primeros habían tratado como animales hasta entonces. Esto no es más que un ejemplo de un tema que se repite en la literatura y el cine: el «tipo duro» que es a la vez sensible. ¿Puede recordar alguna obra en la que ocurra este fenómeno?

4. En 1992, la gente de ambos lados del Atlántico celebró el quinto centenario del descubrimiento del Nuevo Mundo. Sin embargo, son muchos los que piensan que dicho descubrimiento no es motivo de celebración, sino una época triste de la historia de América. Haga una lista de los efectos negativos derivados de la llegada de los europeos a los territorios indígenas.

Predicción

Basándose en lo que sabe hasta este punto por medio de la información que se le ha dado y por sus propias deducciones, escriba una breve predicción respecto al desenlace de esta historia. Tras haber visto la película, compare su predicción, y las de sus compañeros, para ver si coinciden con el final verdadero.

_____

_____

_____

_____

_____

_____

_____

[14] *merchant*
[15] grupo (*in this context*)

II Después de ver la película

Las escenas

Las siguientes preguntas sobre las escenas van acompañadas de vocabulario que aparece por varias razones. Las palabras pueden extraerse del diálogo hablado o de elementos visuales clave de la escena. Se dan aquí porque necesitan ser traducidas o porque pueden servir de recordatorio sobre lo que está ocurriendo, para ayudarle a comentar la escena en sí.

1. El cardenal

El cardenal Altamirano dicta una carta dirigida al Papa, en referencia al «pequeño asunto» que le ha traído a la colonia.

Ⓐ ¿A quién le escribe el Cardenal? ¿Desde dónde está escribiendo?

Ⓑ ¿Qué quiere decir al expresar: «Los indios son libres otra vez para volver a ser esclavizados»?

Ⓒ ¿A qué distancia de San Miguel está la misión de San Carlos?

Ⓓ El Cardenal hace referencia al «alma noble» de los indios. ¿Qué es lo que le atrae del indio al hombre blanco?

Ⓔ También dice que los jesuitas llevaron su mensaje a la «alta y aún por descubrir meseta... y que, por su labor, pagaron con el martirio». ¿Es justo?

2. El ascenso del padre Gabriel

El padre Gabriel sube hasta lo alto de las cataratas, donde se encuentra con los guaraníes.

las cataratas	*waterfalls*
el crucifijo	*crucifix*
la cruz	*cross*
ascender por las rocas	*climb up the rocks*
caerse	*to fall*
descalzo/a	**sin zapatos**

Ⓐ Después de enterrar al compañero jesuita, el padre Gabriel dice que es él el que va a subir al altiplano. ¿Por qué?

Ⓑ ¿Qué ve en la jungla que le permite darse cuenta de que hay gente alrededor?

Ⓒ ¿Qué hace entonces? ¿Por qué? ¿Quiénes lo visitan?

Ⓓ ¿Qué opina el Jefe sobre la música? ¿Cómo reaccionan los demás?

Ⓔ El Cardenal dice: «Con una orquesta, los jesuitas podrían haber conquistado todo un continente.» ¿Qué quiere decir?

3. Rodrigo Mendoza

El padre Gabriel se encuentra con el capitán Mendoza, el cazador de esclavos. Mendoza va a Asunción.

el donjuán	*womanizer*
el esclavo	*slave*
la prometida	*fiancée*

Ⓐ ¿Qué hace Mendoza en la jungla?

Ⓑ ¿Adónde lleva a los indios?

Ⓒ ¿Cómo es Felipe, el hermano de Rodrigo? ¿Y la prometida de Rodrigo, Carlota?

Ⓓ Felipe dice: «Rodrigo es el donjuán.» Rodrigo dice: «Rodrigo es el donjuán de esta mujer.» ¿Cómo reaccionan Felipe y Carlota ante el comentario de Rodrigo?

Ⓔ ¿Qué le dice Carlota a Rodrigo? ¿Cuál es su reacción?

4. Un crimen de pasión

Durante la confusión de los festejos, Felipe y Carlota se van a un lugar secreto. Rodrigo los ve.

la daga   *dagger*

la espada   *sword*

Ⓐ Durante todo el día y toda la noche, Rodrigo permanece sentado. ¿Por qué?

Ⓑ ¿Cuándo empieza por fin a buscar a la pareja?

Ⓒ ¿Qué dice cuando los encuentra?

Ⓓ Rodrigo oye la risa de un hombre. ¿Se está riendo de él? ¿Cómo reacciona?

Ⓔ ¿Era la intención de Rodrigo matar a su hermano, o fue algo que ocurrió en un momento de furia?

Ⓕ ¿Cuándo empieza a arrepentirse de sus acciones?

5. Rodrigo Mendoza

El padre Gabriel se encuentra con Mendoza, el cazador de esclavos.

el mercenario   *mercenary*

la penitencia   *penance*

el remordimiento   *remorse*

el reto   *challenge*

Ⓐ ¿Por qué no está sujeto a la ley el incidente de la muerte de Felipe?

Ⓑ ¿Qué le llama el padre Gabriel a Rodrigo?

Ⓒ «No existe penitencia lo suficientemente dura para mí.» ¿Cuál es el reto del padre Gabriel a Rodrigo?

Ⓓ ¿Qué penitencia le impone el padre Gabriel?

6. La penitencia

Rodrigo empieza a cumplir su penitencia.

el barro   *mud*

el bulto   *bundle*

la cuerda   *rope*

la red   *net*

Ⓐ ¿Qué tipo de cosas arrastra Rodrigo en la red? ¿Cuál es el propósito de esta acción?

Ⓑ ¿Es apropiado este tipo de penitencia para Rodrigo?

Ⓒ ¿Quién los espera en lo alto de las cataratas?

Ⓓ Cuando Rodrigo llora, ¿por quién llora?

7. La misión

Los jesuitas y los indígenas empiezan a construir la misión.

el adobe	**ladrillos hechos de hierba y barro**
el cerdo salvaje	*wild pig*
la ceremonia	*ceremony*
arrodillarse	**ponerse de rodillas** (*knees*)
entablar	**establecer**

Ⓐ ¿Que clase de relaciones entablan los hombres blancos con los indígenas?

Ⓑ ¿Qué función tiene en la historia el episodio del cerdo salvaje?

Ⓒ ¿Por qué rehúsa Rodrigo matar el animal?

Ⓓ ¿Por qué le da las gracias Rodrigo al padre Gabriel? Según el padre Gabriel, ¿a quién debería darle las gracias?

Ⓔ El padre Gabriel le sugiere a Rodrigo que lea la Biblia. Después de cierto tiempo, Rodrigo decide hacerse jesuita. ¿Se puede decir que ha cambiado, que ahora es otra persona?

Ⓕ Tras la ceremonia de la ordenación, el padre Gabriel abraza a Rodrigo y le dice: «Bienvenido a casa, hermano.» ¿Qué significan sus palabras?

8. La llegada del Cardenal

El Cardenal llega a Asunción para investigar la cuestión de los territorios disputados.

el loro	*parrot*
sagrado/a	*sacred*

Ⓐ El cardenal Altamirano cita de su carta al Papa: «Esta empresa de crear un paraíso en la tierra, qué fácilmente ofende.» ¿A quién ofende?

Ⓑ El cardenal Altamirano reflexiona sobre el mundo que ha encontrado en Asunción. ¿Cómo lo describiría Ud.? ¿En qué se diferencia del de Europa?

Ⓒ Un joven guaraní canta música sagrada durante la audiencia oficial. Comenta don Cabezas: «A un loro también se le puede enseñar a cantar.» ¿Qué opinión tendrá de la labor de la misión un hombre que demuestra esa actitud?

Ⓓ Desde su punto de vista, ¿quién tiene más poder, los políticos o la Iglesia?

9. La disculpa

Delante del Cardenal, don Cabezas dice que la esclavitud no existe en los territorios españoles, algo que todos saben que no es cierto.

hacerse cargo de	*to take charge of*

Ⓐ ¿Por qué le conviene a don Cabezas dar la impresión de que sí hay esclavitud en los territorios portugueses, pero no en los españoles?

Ⓑ ¿Quién le dice que miente? ¿Por qué es ésta una ofensa tan grave? ¿Cuál es el conflicto que ya existía entre los jesuitas y el gobierno español?

Ⓒ ¿Quién le exige a Rodrigo que pida perdón?

Ⓓ El padre Gabriel le explica a Rodrigo el riesgo que corren. Don Cabezas quiere que los portugueses se hagan cargo del poder del territorio de las misiones —si se van los jesuitas, nadie protegerá a los guaraníes de la esclavitud. En esta situación, ¿cuáles son las dos fuerzas opuestas?

Ⓔ ¿De qué forma se disculpa Rodrigo?

10. El Cardenal visita San Miguel

El padre Gabriel lleva al Cardenal a ver la misión de San Miguel.

el cargo	**posición**
el instrumento de cuerda	*string instrument*
el instrumento de viento	*wind instrument*
el manto blanco	*white robe*
la oferta y demanda	*supply and demand*
la plantación	*plantation*
la polea	*pulley*
el taller	*workshop*

Ⓐ Dice el cardenal Altamirano: «Nada me había preparado para hacer frente a la belleza y la fuerza del miembro que vine a cortar.» ¿Qué significan sus palabras?

Ⓑ En la misión hay jesuitas de raza guaraní. ¿Cómo han conseguido entrar en la orden?

Ⓒ ¿Qué descubre el Cardenal dentro de la iglesia de San Miguel? ¿Quién está cantando? ¿Quién interpreta la música? ¿Con qué instrumentos? ¿Qué expresión observamos en el rostro del Cardenal?

Ⓓ ¿Qué están cosechando en el campo los guaraníes? ¿De qué forma han mecanizado la producción?

Ⓔ Don Cabezas habla de la esclavitud: «La oferta y demanda es la ley de la tierra.» ¿Cuál es su reacción al ver a un guaraní que ha sido azotado por un mercader de esclavos?

Ⓕ El Cardenal visita un taller muy original. ¿Qué se hace allí?

Ⓖ ¿Quién recibe los beneficios de la misión? ¿Es ésta una forma radical de economía?

Ⓗ ¿Qué pretende sentir el emisario portugués acerca de la actitud protectora de los jesuitas hacia las misiones?

11. La visita a San Carlos

El padre Gabriel lleva al Cardenal a ver la misión de San Carlos.

el canalete	*paddle*
la canoa	*canoe*
la desnudez	*nudity*
el puente de ramas	*bridge of branches*
la selva	*jungle*

Ⓐ El padre Gabriel invita al cardenal Altamirano a visitar San Carlos con él. Dice que allí hay menos distracciones. ¿A qué se refiere?

Ⓑ ¿Qué les espera al Cardenal y a su grupo cuando llegan a San Carlos?

Ⓒ El Cardenal se siente atraído por la música. ¿En qué lengua cantan los jóvenes, en guaraní o en latín?

Ⓓ ¿Qué impresión recibe el Cardenal de la tribu y de la manera en que viven? ¿Son salvajes?

Ⓔ ¿Dónde se bañan los niños?

Ⓕ El Cardenal se pregunta si los guaraníes no habrían estado mejor sin la presencia de los europeos. ¿Por qué piensa así?

12. La decisión

El cardenal Altamirano y el padre Gabriel se reúnen con los jefes de la tribu.

fiarse de	*to trust*
someterse	*to submit*
repentino/a	*sudden*

Ⓐ El Cardenal anuncia que los guaraníes deben dejar la misión. ¿A qué se debe esta decisión tan repentina?

Ⓑ Los guaraníes le contestan que la misión es su casa. ¿Ha sido siempre su casa?

Ⓒ El Cardenal les dice que tienen que someterse a la volutad de Dios. Ellos le contestan que fue la voluntad de Dios la que los impulsó a salir de la selva para construir la misión. Los guaraníes: «¿Cómo podemos saber si el Cardenal habla en nombre de Dios? ¿Cómo sabemos que no habla en nombre de los portugueses?» ¿En nombre de quién dice el Cardenal que habla?

Ⓓ El rey guaraní abandona la reunión, diciendo que se equivocaron al fiarse de la Iglesia. ¿Tiene la culpa la Iglesia?

Ⓔ El padre Gabriel le dice al Cardenal que los guaraníes van a luchar. ¿Qué les ordena el Cardenal a los jesuitas? ¿Cuál será la consecuencia si desobedecen sus órdenes?

Ⓕ ¿Qué se consigue con sacrificar las misiones, según el Cardenal?

13. La batalla inminente

La misión se prepara para la batalla.

la pólvora	*gunpowder*
la renunciación	*renunciation*
llevar a cabo	*to carry out*

Ⓐ Un joven guaraní recobra la espada de Rodrigo de las aguas estruendosas, la limpia y se la entrega. ¿Qué quiere que Rodrigo haga con ella?

Ⓑ Rodrigo va al padre Gabriel a decirle que quiere renunciar a su voto de obediencia. ¿Qué razón le da? ¿Qué le responde el padre Gabriel?

Ⓒ La batalla comienza con una proclamación en latín. ¿Quién figura entre los guerreros?

Ⓓ ¿Qué hacen los portugueses con los guaraníes en San Miguel?

Ⓔ Mientras tanto, ¿qué preparativos se están llevando a cabo en San Carlos?

Ⓕ ¿Qué sucede durante la noche en un campamento portugués situado al pie de las cataratas? ¿Qué hace Rodrigo que le hace pensar en su pasado?

Ⓖ ¿Qué le pide Rodrigo que haga al padre Gabriel? ¿Por qué se niega éste?

14. El trágico final

La batalla llega a San Carlos.

el arma (*f.*)	*weapon*
el cabecilla	*ring leader*
el canto	*chant*
empujar	*to push*
santiguarse	*to cross oneself*

Ⓐ ¿Luchan todos los jesuitas al lado de los guaraníes?

Ⓑ ¿Qué tipo de armas tienen los portugueses? ¿Cómo portan estas armas hasta la misión?

C ¿Dónde están las mujeres y los niños? ¿Quién está con ellos?

D ¿Cuál es el elemento de sorpresa que crean los guaraníes con sus canoas?

E Afuera de la misión, uno de los portugueses se detiene cuando ve la cruz en la iglesia y oye los cantos que vienen del interior. Otro portugués se santigua. ¿En qué piensan?

F El cabecilla portugués y otros que comparten su canoa son empujados hacia las cataratas. ¿Cómo?

G ¿Qué es lo último que ve Rodrigo antes de morir?

15. El resumen del Cardenal

El Cardenal lee el informe sobre la batalla contra los guaraníes.

la matanza   *killing*

lo sucedido   **lo que ha pasado**

A Le dice el Cardenal a don Cabezas: «¿Y tienes el valor de decirme que esta matanza ha sido necesaria?» ¿Está satisfecho el Cardenal con lo sucedido?

B El emisario portugués dice: «No nos quedaba otra alternativa... debemos operar en el mundo. El mundo es así.» El Cardenal responde: «No, señor Jantar, así es en lo que hemos convertido al mundo. [sotto voce]: Así lo he convertido.» ¿Acepta el Cardenal que el mundo sea así?

C ¿Cuál es el simbolismo de la niña que encuentra el violín flotando en el agua? ¿Quién la acompaña cuando se marcha de San Carlos?

D La carta del cardenal Altamirano al Papa: «Sus sacerdotes han muerto y yo sigo vivo. Pero, en realidad, soy yo el que está muerto... el espíritu de los muertos sobrevivirá en la memoria de los que viven.» ¿Qué quiere decir el cardenal Altamirano?

Interpretación

1. El Cardenal: «Aunque sabía que por toda Europa los diferentes estados se enfrentaban a la autoridad de la Iglesia y que, para perseverar allí, la Iglesia tendría que mantener su autoridad aquí, no podía dejar de preguntarme si estos indios no hubieran preferido que el viento y el mar jamás nos habrían traído hasta ellos.»

   Explique cómo es posible que el Cardenal fuera presa[16] de una duda tan profunda sobre una empresa en la cual su Iglesia había estado involucrada durante tanto tiempo.

2. El cardenal Altamirano hace un resumen del problema político que enfrenta: Los portugueses quieren extender su imperio. Los españoles esperan que eso no les perjudique[17] a ellos. El Papa quiere que los monarcas de España y Portugal no sigan amenazando el poder de la Iglesia. Y todos esperan que los jesuitas no se interpongan a sus fines. ¿Quién es el que menos poder tiene en esta ecuación?

3. Se descubre que, a espaldas de los jesuitas, España y Portugal han firmado el Tratado de Madrid, en el que ciertos territorios españoles le han sido cedidos a Portugal. El cardenal Altamirano debe decidir si las misiones situadas en estos territorios permanecerán, o no, bajo la protección de la Iglesia. ¿Han sido traicionados los jesuitas?

4. Tras el Tratado de Madrid, el Cardenal intentó negociar con don Cabezas, a fin de posponer la transferencia de los territorios con misiones a los portugueses, hasta que tuvieran la garantía de que las misiones sobrevivirían.

---

[16] *prisoner*
[17] *harm*

Si el deseo del Cardenal era el de garantizar la seguridad de las misiones, ¿cómo es posible que más tarde las sacrificara por intereses políticos?

5. El padre Gabriel le dice a Rodrigo que, si quiere ayudar a la gente de la misión, debe hacerlo como religioso y no como guerrero: «Si mueres con las manos manchadas[18] de sangre, traicionarás todo lo que hemos hecho. Le prometiste tu vida a Dios, y Dios es amor.»

¿Tiene razón el padre Gabriel? ¿No existe un conflicto fundamental entre la noción de resistencia pacífica y la necesidad de luchar por una causa justa? La escena del padre Gabriel y de los que le siguen, saliendo de la iglesia hacia una muerte cierta, puede representar una respuesta sagrada ante la violencia, pero, ¿es siempre la mejor opción?

6. El padre Gabriel le dice a Rodrigo mientras éste se prepara para la batalla: «Si tienes razón, contarás con la bendición de Dios. Y, si no la tienes, no necesitas la mía.» ¿Qué quiere decir?

7. Tras los créditos, hay una escena final en la que el cardenal Altamirano está sentado frente a su escritorio. Entonces, en un primer plano, se da la vuelta y mira directamente a la cámara de forma acusatoria. ¿Cómo interpreta Ud. esa mirada?

Actividades

1. ¿Quiénes son y cómo son?

Trabajando en parejas, o en grupos pequeños, traten de identificar a estos personajes, dando una breve descripción en español.

1. Rodrigo Mendoza   _____

2. el padre Gabriel   _____

3. Felipe   _____

4. Carlota   _____

5. don Cabezas   _____

6. el cardenal Altamirano   _____

7. el jefe de la tribu   _____

8. el niño guaraní, amigo de Rodrigo   _____

9. el Sr. Janta   _____

2. ¿Quién lo dice?

Trabajando en parejas o en grupos pequeños, traten de identificar a los personajes que dicen lo siguiente y a quién(es) se lo dicen, en la película *The Mission*.

_____ 1. Bienvenido a casa, hermano.

_____ 2. Nada me había preparado para hacer frente a la belleza.

_____ 3. ¿Cómo podemos saber si el Cardenal habla en nombre de Dios?

_____ 4. Con una orquesta, los jesuitas podrían haber conquistado todo un continente.

---

[18] *stained*

_____ 5. No existe penitencia lo suficientemente dura para mí.

_____ 6. Los indios son libres otra vez para volver a ser esclavizados.

_____ 7. ¿Tienes el valor de decirme que esta matanza ha sido necesaria?

_____ 8. ¿Los indios? Si no son más que animales.

_____ 9. Rodrigo es el donjuán de esta mujer.

_____ 10. Si mueres con las manos manchadas de sangre, traicionarás todo lo que hemos hecho.

3. Debate: ¿Debían haber establecido las misiones los europeos?

The Mission nos proporciona muchos ejemplos, tanto de los buenos efectos, como de los malos, de la colonización de los pueblos indígenas de América. Tras haber visto las misiones personalmente, el cardenal Altamirano tiene sus propias dudas: «No podía dejar de preguntarme si estos indios no hubieran preferido que el viento y el mar jamás nos habrían traído hasta ellos.»

Proposición: Que los colonizadores jamás deberían haber asumido la responsabilidad de civilizar a los pueblos indígenas de América.

Si quieren, pueden escoger otro tema apropiado para el debate,* con tal de que sea controvertible.

_____

* Para recordar cómo se organiza un debate, vea en la sección *Avance, El debate.*

III

La mujer independiente

En este caso, *independiente* se refiere a las mujeres que, a pesar de las circunstancias en que se encuentran, cada una de ellas ha logrado superarlas a su modo.

- Camila sólo puede conseguir lo que quiere renegando de su familia, de la sociedad en que vive y de la Iglesia; se ve obligada a pagar un alto precio por ello, pero es su decisión.

- Tita, en *Como agua para chocolate,* se enfrenta, y finalmente se sobrepone, a su cruel y vengativa madre y a una tradición familiar represiva.

- Carlota, la protagonista de *De eso no se habla,* aprende a vivir con dignidad, a pesar de su defecto físico e incluso a aceptarlo, algo que su madre no logra conseguir.

- En *Mujeres al borde de un ataque de nervios,* Pepa rompe las relaciones con su veleidoso ex amante y, en su lugar, busca la amistad de mujeres unidas por el fuerte lazo de la desconfianza que sienten hacia los hombres que las rodean.

Las cuatro mujeres descritas encuentran la forma de liberarse de los modelos predeterminados por otros y, por consiguiente, demuestran ser quienes verdaderamente son.

✳ **Camila**

✳ **Como agua para chocolate**

✳ **De eso no se habla**

✳ **Mujeres al borde de un ataque de nervios**

Camila

MARÍA LUISA BEMBERG, 1984

I Antes de ver la película

La historia de Camila O'Gorman y Ladislao Gutiérrez ha formado parte de la tradición popular argentina desde mediados del siglo XIX. Para los argentinos, Camila es una especie de heroína folklórica; desde aquella época, Argentina cuenta con el mayor porcentaje de niñas que lleva el nombre de «Camila» en Latinoamérica. Este es uno de los episodios que han causado más polémica en la historia del país y uno de los más infames. En 1912 se reprimió un intento de producir un cortometraje[1] mudo sobre Camila y Ladislao. Ningún director de cine lo consiguió hasta 1982, cuando el presidente Alfonsín levantó la censura cinematográfica. María Luisa Bemberg, a la edad de 62 años, introdujo y dirigió esta internacionalmente aclamada versión de la historia de Camila.

María Luisa Bemberg (1917–1995), directora argentina

Parece poco probable que las relaciones amorosas entre una muchacha de la clase alta y su confesor pudieran presentar una amenaza a los regímenes de Argentina durante casi ciento cuarenta años. De hecho, fue particularmente Camila la que provocó la indignación oficial. Se le acusó de violar no sólo las reglas del decoro[2] femenino, sino de desafiar el orden establecido: familiar, social, eclesiástico y estatal. La gente, por otra parte, estaba convencida de que se había cometido una gran injusticia en este caso, con la colaboración de la Iglesia y de un gobierno represivo. Bemberg captó la imaginación de la población argentina, acusando abiertamente a los responsables. La película también representa una nueva pauta[3] para su directora, hacia un género operático de romance y tragedia. *Camila* fue nominada para el Oscar a la mejor película extranjera de 1984.

---

[1] *short subject (film)*
[2] *propriety*
[3] dirección

hablando del tema...

Durante ciento cuarenta años, el gobierno de Argentina prohibió la divulgación de la historia de Camila y Ladislao. Dado lo que Ud. sabe hasta este punto, ¿opina que dicha prohibición se debió más a las reglas que habían infringido los enamorados que a una cobertura de las acciones del gobierno como represalia?

hablando del tema...

Actualmente, la Iglesia católica permite que los curas y las monjas renuncien a sus votos y vuelvan a la vida secular. Uno de los motivos principales por el que los religiosos dan este paso es el deseo de casarse y formar una familia. En la mayoría de las religiones protestantes, a los ministros y pastores se les permite contraer matrimonio. ¿Cree Ud. que la Iglesia católica debería hacer lo mismo?

El papel del padre de Camila lo hace Héctor Alterio, a quien tal vez reconozca Ud. en el papel de Roberto, en *La historia oficial*, y de don Alejandro, en *El Nido*.

Otras películas de María Luisa Bemberg: *De eso no se habla*; *Miss Mary*; *Yo, la peor de todas*.

El ambiente cultural

Entre 1835 y 1852, Argentina estaba bajo el poder del general Juan Manuel de Rosas, quien había aceptado el «poder supremo y absoluto» tras haber obtenido el puesto de presidente del país. En 1847, época en que se desarrolla la historia de Camila y Ladislao, Argentina vivía bajo un fuerte estado de represión. Como símbolo de solidaridad con el régimen de Rosas, todos los adultos tenían que llevar un lazo rojo, del mismo modo que sus soldados llevaban uniformes de un rojo subido.[4] Lo que era aún más grave, es que prácticamente no existían los derechos civiles; cualquier acción o expresión herética podía resultar en el encarcelamiento o la muerte.*

Al mismo tiempo, la Iglesia católica ejercía su propio poder. Puesto que todos los ciudadanos eran miembros de la Iglesia, ésta podía usar su influencia con fines didácticos. La misa (los hombres y las mujeres separados) servía para indoctrinar un estricto código moral, al mismo tiempo que lo reforzaba el confesionario, exigiendo que cualquier transgresión fuera confesada regularmente; sólo la Iglesia podía absolver los pecados. Los que elegían la vida del sacerdocio (curas) o del convento (monjas y monjes) vivían, por supuesto, bajo reglas aún más rigurosas, entre ellas los irrevocables votos de pobreza, obediencia y castidad.[5]

El hermano de Camila, Eduardo, es seminarista, es decir, estudia para ser cura. A Camila le preocupa que él nunca sabrá lo que es amar a una mujer. Eduardo responde que aprenderá a desechar[6] esos pensamientos. Por ejemplo, el padre Ladislao, el confesor de Camila, se mortifica la carne para reprimir los pensamientos «impuros» que siente hacia Camila, pero es inútil.

Al final, es la Iglesia, con sus reglas y votos, la responsable de la ruina de Camila y Ladislao. Aunque está claro que podían haberse exiliado en Brasil, fuera del alcance del opresivo gobierno de Rosas, Ladislao nunca habría conseguido deshacerse de la influencia de la Iglesia. Los votos que había hecho eran para siempre; no podía librarse de ellos.

La trama

Estamos en 1847. Camila O'Gorman lleva una vida privilegiada. Como hija de alguien con influencia en el gobierno de Buenos Aires, goza de todos los lujos. Vive con sus padres, hermanos y varios empleados domésticos. Pero en el hogar hay ciertas tensiones. Su padre, don Adolfo, tiene acceso al gobierno de Rosas, algo que lo pone en una situación delicada, debido a las ideas heréticas de su propia madre (a quien mantiene detenida en casa) y a la perspectiva

---

[4]fuerte, vivo
[5]*chastity*
[6]rechazar

* El régimen de Rosas, llamado la Santa Federación, fue opuesto por un grupo conocido por el nombre de los Unitarios.

liberal de su hija, Camila. La actitud de Camila es particularmente desconcertante dado que, en aquella época de la historia de Argentina (1847), el gobierno dictador reprimía todo tipo de disentimiento[7] político.

Camila demuestra claramente su rebeldía. A diferencia de sus hermanas, no se resigna a casarse «bien» y a participar de la vida de la clase alta. Lee libros prohibidos sobre política, hace comentarios contra la dictadura durante la cena y también les dice a sus hermanas que lo que ella quiere es un marido[8] del que pueda estar orgullosa, a quien de verdad ame, un concepto muy poco común en aquella época. Siente esta emoción por primera vez en la iglesia, en el confesionario, donde le hace sus confidencias al padre Ladislao Gutiérrez, un joven y apuesto[9] jesuita que acaba de ser trasladado de las provincias. El padre Ladislao intenta ignorar las insinuaciones de la joven, pero termina por comprender que él también se siente desesperadamente atraído hacia ella.

Pero el padre Ladislao lleva una carga personal que Camila no siente: sus relaciones con la Iglesia son indelebles.[10] Pronto vemos que, aunque la pareja se fuga[11] de Buenos Aires, Ladislao jamás podrá escaparse de su Dios.

Para pensar

Las siguientes preguntas se basan en observaciones relacionadas con la primera parte de la película, para ayudarle a penetrar en la obra y a comprender el carácter de los personajes que va a ver. Dado que las respuestas van a ser en su mayor parte subjetivas, se recomienda que las comente con sus compañeros.

1. ¿Qué sabe Ud. de la política argentina del siglo XX que sea consistente con la descripción del gobierno de Rosas entre los años 1835 y 1852?

2. El padre de Camila, don Adolfo, le dice a su hija que la idea de casarse por amor no es más que una noción romántica, que el amor verdadero es el que crece entre un hombre y una mujer a lo largo de su vida de casados. ¿Tiene razón?

3. Desde que ocurrió este incidente, la Iglesia y el gobierno han censurado a Camila mucho más que a su amante, el padre jesuita. ¿Opina Ud. que esto refleja un estándar moral más alto para la mujer que para el hombre, en aquella época, o que es una reacción al hecho de haber «corrompido» a un sacerdote?

4. La película Camila trata también sobre la familia y el poder de ésta. Don Adolfo, un padre típico de su época, ejercía una autoridad absoluta sobre su esposa e hijos. ¿Cree que nuestra sociedad sería mejor si los padres fueran más estrictos?

5. Por otra parte, el papel que desempeñaban las mujeres no era muy atractivo en los tiempos de Camila. No se pensaba que debieran ser educadas, que tuvieran opiniones propias ni que discutieran de política u otros

hablando del tema...

La trama de *Camila* es, en gran parte, la situación clásica de las novelas del siglo XIX y de las películas románticas: amantes que desafían a sus padres y los juicios convencionales, que actúan sin cautela y que, por último, huyen para vivir su vida. ¿Recuerda alguna historia o película con este tipo de argumento?

---

[7] *dissent*
[8] esposo
[9] *attractive*
[10] no se pueden borrar
[11] se... se escapa

temas considerados masculinos. De hecho, don Adolfo le recuerda a su hija que las únicas dos alternativas para las mujeres son el matrimonio o el convento.

Camila O'Gorman sigue siendo admirada por la mujer argentina actual por haberse enfrentado a esta injusticia. ¿Sabe de otras mujeres, del cine o de la literatura, que son consideradas heroínas por negarse a aceptar estos estereotipos?

Predicción

Basándose en lo que sabe hasta este punto por medio de la información que se le ha dado y por sus propias deducciones, escriba una breve predicción respecto al desenlace de esta historia. Tras haber visto la película, compare su predicción, y las de sus compañeros, para ver si coinciden con el final verdadero.

_____

_____

_____

_____

_____

_____

 ## II Después de ver la película

Las escenas

Las siguientes preguntas sobre las escenas van acompañadas de vocabulario que aparece por varias razones. Las palabras pueden extraerse del diálogo hablado o de elementos visuales clave de la escena. Se dan aquí porque necesitan ser traducidas o porque pueden servir de recordatorio sobre lo que está ocurriendo, para ayudarle a comentar la escena en sí.

1. La abuela vuelve

Se ve a Camila, de niña, esperando la llegada de su abuela. Después, pasamos al año 1847; Camila es ya una mujer joven.

el ático	*attic*
el coche de caballos	*carriage*
el espía	*spy*
el gatito	*kitten*
la Perichona	*nickname for* **la abuela**

Ⓐ ¿Qué tipo de vida parece llevar Camila?

Ⓑ ¿Por qué viene la abuela a vivir con ellos? ¿Por qué la llaman «la Perichona»?

Ⓒ ¿Por qué viene escoltado por soldados el coche de caballos de la abuela?

D ¿Por qué le pregunta la abuela a Camila si le gustan las historias de amor?

E Al final de esta escena vemos a Camila, convertida ya en una joven mujer, con su hermano Eduardo. ¿Qué tipo de persona parece ser ella?

2. La librería y el novio

Camila va a la librería donde encargan libros especialmente para ella. Allí se encuentra con Ignacio.

| la niña Camila | **la señorita Camila** |
| la pólvora | *gunpowder* |

A ¿Por qué esconde el librero el libro que Camila había encargado?

B ¿Qué opina Ignacio, el novio de Camila, sobre el tipo de libros que ella lee?

C ¿Qué quiere Ignacio que haga Camila?

3. La fiesta de cumpleaños

En la fiesta, Camila conoce al nuevo cura, el padre Ladislao.

la gallina ciega	*a game in which a blindfolded person must identify others*
la merienda	*afternoon snack; «tea»*
los ojos vendados	*blindfolded*
un poco celoso	*a little zealous (in this context)*

A ¿Cuál es la reacción de Camila la primera vez que ve al padre Ladislao? ¿Cómo lo mira un poco más tarde? ¿Cómo la mira él?

B ¿Con qué persona importante tiene parentesco[12] Ladislao?

4. Camila y la abuela

Camila visita a su abuela, que está encerrada en la casa, en la torre con mirador.

la carta de amor	*love letter*
el mirador	**pequeña torre con muchas ventanas**
estar confinado/a	**no poder salir**
tu cuerpo... vibra	*your body trembles*

A ¿Cómo entretiene Camila a su abuela? ¿Son reales las historias o sólo son fantasía?

B ¿Qué nos dice esta escena sobre la personalidad de Camila? ¿Y sobre la de su padre?

5. Terror en la calle

El librero, Mariano, es asesinado por la noche. El padre Ladislao habla en contra de la violencia.

la congoja	*anguish*
el grito	*scream*
la Santa Federación	**los simpatizantes de Rosas**
privado/a	*deprived (in this context)*

---

[12] *family relationship*

Ⓐ El padre Ladislao cita a Jesucristo desde el púlpito: «Si alguno viene a matar y a destruir... » ¿Quién es «alguno» para el Padre?

Ⓑ Camila escucha atentamente las palabras del padre Ladislao y admira su sinceridad y coraje. ¿Cree Ud. que, en ese momento, ella siente algo más que admiración?

6. La cena

La familia O'Gorman cena con los dos novios. Hablan del nuevo sacerdote.

el confesor	**el cura con quien se confiesa uno**
la familia federal	**familia de la Santa Federación** (*pro Rosas*)
callarse	**dejar de hablar**

Ⓐ ¿Qué opinión tiene el novio de la hermana de Camila sobre la política argentina?

Ⓑ Cuando Camila expresa su descontento con el gobierno, ¿qué le dice su madre que haga?

Ⓒ ¿Está tratando Camila de defender al padre Ladislao?

Ⓓ ¿Qué excusa pone el padre de Camila para decirle a su hija que abandone la mesa?

7. Consejos

Camila se confiesa con el padre Ladislao. El Monseñor aconseja al joven cura.

la brújula	*compass*
los lobos	*wolves*
las ovejas	*sheep*
las palomas	*doves*
los pecados	**violaciones de las leyes de ciertas religiones**
las penas	**problemas**

En el confesionario

Ⓐ ¿Qué le aconseja Ladislao a Camila?

Ⓑ ¿Por qué se ríe Camila?

Ⓒ ¿Por qué le dice Camila: «Voy a tener que inventar muchos pecados»?

En el despacho del Monseñor

Ⓓ ¿Qué fue «una muy desagradable sorpresa» para el Monseñor?

Ⓔ Ladislao explica que tal vez haya sido «llevado por la indignación». ¿Qué quiere decir?

Ⓕ ¿Por qué dice el Monseñor que los jesuitas son como «ovejas entre lobos»?

Ⓖ El Monseñor: «No olvide que la mujer puede ser un instrumento del demonio.» ¿Qué significan sus palabras? ¿Refleja ese comentario un prejuicio contra las mujeres?

8. Con la familia: más consejos

El padre de Camila le aconseja sobre el matrimonio. Camila habla con su hermano sobre el amor.

el atardecer	*dusk*
la cárcel	*jail*
mortificar la carne	*mortify* (*punish*) *the flesh; self-inflicted pain*
ir al convento	**ser monja**
tener vocación de los hábitos	**tener deseo de ser monja**
a estas horas	**tan tarde**

En casa

Ⓐ El padre de Camila: «La mujer soltera es un caos... un desorden de la naturaleza.» Según él, ¿cuáles son las únicas dos opciones que tiene una mujer soltera?

Ⓑ ¿Qué opina el padre de Camila sobre el amor romántico? Y su madre, ¿qué nos indica sobre sus propios sentimientos? ¿Qué quiere decir cuando expresa: «La mejor cárcel es la que no se ve»?

Ⓒ ¿Quién aparece en medio de esta conversación? ¿Por qué razón, según él? ¿Cuál es la verdadera razón?

Con Eduardo

Ⓓ ¿Qué le pregunta Camila a su hermano? ¿Ha pensado él alguna vez en una mujer?

Ⓔ Según Eduardo, ¿qué debe hacer un sacerdote si se siente atraído por una mujer?

Ⓕ Explique la metáfora del insecto que nace por la mañana y muere al atardecer. ¿Está pensando ella realmente en Eduardo o en otro hombre?

9. Confesiones

El padre Ladislao se confiesa con el padre Félix. Camila les explica a sus hermanas lo que es, para ella, el matrimonio.

el marido	**el esposo**
amarse	**quererse mutuamente**
estar de novia	**estar comprometida** (*engaged*)
muy mozo	**muy guapo**
se ha declarado	*he has proposed*

Ladislao

Ⓐ Después de ver a Camila en misa, el padre Ladislao quiere confesarse. ¿Por qué quiere confesarse?

Ⓑ ¿Qué es lo que ha tenido que hacer después, como penitencia?

Camila y sus hermanas

Ⓒ Las dos hermanas de Camila tienen novio. Camila busca algo más. ¿Qué es lo que quiere?

Ⓓ ¿Qué tipo de mujer es Camila? ¿En qué se diferencia de sus hermanas?

10. El confesionario

Camila va por la noche al confesionario del padre Ladislao.

dirigirse   *to address*

Ⓐ En el confesionario, Camila le dice que está locamente enamorada de un hombre. Ladislao, a lo largo de la confesión, sigue haciendo referencia a un hombre que él desconoce. ¿Sabe él de quién está hablando Camila?

Ⓑ Ladislao tiene la costumbre de dirigirse a Camila, y a otras mujeres jóvenes, como «mi hija». ¿En qué momento se opone Camila a esa forma de dirigirse a ella?

Ⓒ Cuando Camila le dice que el hombre al que ama no se puede casar con ella, ¿qué le responde Ladislao? ¿Por qué?

Ⓓ Dice Camila: «¿Es que no se da cuenta de quién estoy hablando?» ¿Le responde Ladislao? ¿Qué le dice?

11. La cita

El padre Ladislao recibe una carta de Camila. Más tarde, se encuentran en un lugar aislado.

el campanario	*belfry*
las campanas suenan	*churchbells ring*
no temo nada	**nada me da miedo**

Ⓐ ¿Por qué dice Ladislao que Camila está loca? ¿Por qué está de acuerdo ella?

Ⓑ Ladislao le pregunta a Camila: «¿Qué voy a hacer contigo?» A lo que ella le contesta: «Lo que Ud. quiera.» La forma en que hace la pregunta Ladislao da la impresión de que le está hablando a una niña traviesa. ¿Responde como una niña Camila? (Observe que, en ese momento, ella todavía trata de Ud. a Ladislao, como su confesor.)

Ⓒ Tras su encuentro secreto, la reacción de Camila es muy distinta de la de Ladislao. Explique.

Ⓓ Más tarde, en misa, Ladislao se niega a darle la comunión a Camila. ¿Por qué?

12. La escapada

Mientras la familia echa la siesta, Camila hace los preparativos para irse con Ladislao.

el carruaje	**coche de caballos**
el mechón de pelo	*lock of hair*

Ⓐ ¿Qué le ofrece Camila a su madre antes de marcharse? ¿Qué razón le da?

Ⓑ ¿Quién la espera?

Ⓒ Cuando Eduardo le da la noticia a su padre, primero le dice: «Camila se fue.» Mientras continúa hablando, cambia del singular al plural: «Los buscamos por todos los lados... » ¿Cómo reacciona el padre ante la noticia?

13. La reacción

Las autoridades y la familia de Camila reaccionan ante la noticia del escándalo.

el libertinaje	**exceso de libertad**
la misericordia	*mercy*
la requisitoria	*warrant for arrest*
el sacrílego	*sacrilegious priest*
atroz	*atrocious*

Ⓐ ¿Qué autoridad exige que el Gobernador dé la orden de que Camila y Ladislao sean detenidos?

Ⓑ ¿Qué palabras usa el padre de Camila para escribirle al Gobernador? ¿Cómo reacciona su familia ante la carta?

Ⓒ ¿Qué documento lee el Monseñor durante la misa?

14. Los amantes en el exilio

Pobres, pero felices, Camila y Ladislao pasan los días ocultos en un pueblo. Adoptan una nueva identidad.

el desfile	*parade*
el Domingo de Pascua	*Easter Sunday*
el mate	**té argentino**

algo blasfemo   *something blasphemous, sacrilegious*

tengo cellos   *I'm jealous*

Juntos por fin

Ⓐ ¿Cuál es el único tema del que Camila no puede hablar con Ladislao? ¿Por qué?

Ⓑ ¿Por qué le gustaría a Camila que fueran mayores? ¿A qué teme?

Ⓒ Los jóvenes amantes enseñan en una pequeña escuela. ¿Es éste un trabajo apropiado para ellos?

Ⓓ El comandante Soto, un soldado, entabla amistad con ambos jóvenes. ¿Cómo los trata?

Ⓔ ¿Adónde los invitan a ir el Domingo de Pascua?

El conflicto

Ⓕ Una procesión religiosa pasa frente a la pequeña casa donde viven. ¿En qué se diferencian sus reacciones? ¿Qué le preocupa a Camila?

Ⓖ ¿Adónde va Ladislao por la noche?

Ⓗ ¿Qué problema se observa en el siguiente diálogo?

LADISLAO: Necesito estar solo... por favor.

CAMILA: Yo necesito que estés conmigo.

LADISLAO: ¿Te parece poco lo que he hecho para estar contigo?

Ⓘ Camila: «Si tuviera un hijo tuyo, sería una señal de que Dios no está enojado, ¿no es cierto?... si estuviera enojado, se equivocaría.» ¿Qué significa la última frase?

Ⓙ ¿Qué quiere confesarle Camila a Ladislao? ¿De qué tiene celos?

Corrientes, Argentina

15. La fiesta de Pascua

Camila y Ladislao asisten a una fiesta en casa del comandante Soto.

el amanecer	*dawn*
el aviso	(*posted*) *notice*
la pelea de gallos	*cockfight*
cumplir con mi uniforme	*carry out my duties*
es cosa de hombres	*men's business*
huyó	*fled*
no es casual	**no es coincidencia**

La fiesta

Ⓐ ¿Está contenta la pareja para ir a la fiesta?

Ⓑ Mientras entran, ¿qué vemos en la pared del edificio?

Ⓒ ¿Qué van a ver los hombres?

Ⓓ Durante la pelea de gallos, la cámara enfoca la espalda de un hombre. ¿Quién es? ¿Qué le dice a Ladislao? ¿Cómo reacciona el comandante Soto?

Ⓔ Dice el padre Gannon: «El brazo de Dios llega a todas partes.» ¿Es el brazo de Dios o el destino inevitable de todos los que intentan escapar?

La huida

Ⓕ Ladislao sale corriendo. ¿Va en busca de Camila? ¿Adónde va?

Ⓖ ¿Quién le advierte a Camila sobre el peligro que corren? ¿Qué va a hacer para ayudar a los amantes? ¿Cuándo les recomienda que se vayan?

Ⓗ ¿En dónde encuentra Camila a Ladislao, después de haber sido descubiertos?

Ⓘ A la mañana siguiente, ¿dónde están los amantes? ¿Por qué no han huido a Brasil?

Ⓙ Antes de la llegada de los soldados, Camila y Ladislao se dicen el uno al otro que no se arrepienten de lo que han hecho. ¿Saben en ese momento lo que les espera?

16. En casa de Camila

Ignacio llega a casa de los O'Gorman con la noticia: Camila está detenida en la prisión de Santos Lugares.

estar preso/a	**estar encarcelado/a**
interceder	*to intercede; to speak for*
¡Basta de lloriqueos!	*Enough whining!*

Ⓐ Dice don Adolfo: «Una hija que traiciona a su padre no merece su perdón.» ¿Cree Ud. que don Adolfo se da cuenta de que él mismo está traicionando a su hija?

Ⓑ Según la madre de Camila, ¿le preocupa a alguien la vida de su hija?

Ⓒ ¿Existe alguna posibilidad de que la familia consiga que don Adolfo cambie de opinión? ¿Por qué sí o por qué no?

17. En la prisión

Camila y Ladislao están en la prisión en celdas separadas. Aguardan su destino.

ejecuto las órdenes	*I carry out orders*
se lo suplico	*I beg it of you*
la embarazada	**mujer que va a tener un hijo**
la celda	*a cell*

Ⓐ ¿Qué noticia les tiene que dar el guarda a los dos jóvenes presos?

Ⓑ «Por algún motivo, Rosas cambió de parecer.» ¿Sobre qué cambió de parecer? Dado lo que sabemos, ¿cuál puede ser el motivo?

Ⓒ ¿Qué le dice el doctor a Camila? ¿Se alegra ella de la noticia? ¿A quién se la quiere comunicar la joven?

Ⓓ El guarda está contento: «La salvamos... » Parece que han encontrado una rendija[13] en la ley que les permitirá salvar a Camila. ¿De qué se trata? ¿Cuál es la respuesta de Rosas?

18. El final

Camila y Ladislao ante el pelotón

el ataúd	*coffin*
los ojos vendados	**los ojos tapados**
el pelotón	*firing squad*
fusilar	**matar con disparos de fusiles** (*rifles*)

Ⓐ Ladislao consigue escribirle una nota a Camila poco antes de morir. ¿Qué le dice?

Ⓑ Un sacerdote viene a administrarle los últimos ritos a Camila. ¿Qué le aconseja? ¿Qué le ofrece en nombre del hijo inocente que lleva en su vientre[14]?

Ⓒ ¿Se ven Ladislao y Camila antes de vendarles los ojos? ¿Cómo reaccionan?

Ⓓ ¿Qué le pregunta Camila a Ladislao justo antes de que lo ejecuten? ¿Qué le responde él?

---

[13]*loophole*
[14]*womb*

E ¿Qué hace el pelotón cuando recibe la orden de fusilar a Camila? ¿Qué hace el capitán entonces?

F En una nota (en francés) que aparece al final de los créditos de la película, la directora nos da un dato histórico: Después de fusilar a Camila, todos los soldados del pelotón fueron fusilados a su vez, por haberse negado a ejecutar las órdenes del capitán en primera instancia. ¿Opina Ud. que este grupo de soldados actuó de forma heroica en esta tragedia, aunque sólo fuera por un momento?

Interpretación

1. ¿Qué papel juega la abuela —quien está mentalmente trastornada— en la vida de Camila?

2. ¿Cuál es la función de la Iglesia en la vida de Camila? ¿Qué importancia tiene el acto de confesarse?

3. ¿Qué tipo de persona es el padre de Camila? ¿Cuál es su actitud hacia el amor y el matrimonio?

4. ¿Qué tipo de persona es el padre Ladislao? ¿Qué cualidades parece admirar Camila en él? ¿Es como el marido «ideal» que les describió a sus hermanas?

5. Ladislao le dice a Camila, en el confesionario: «Cuidado con lo que dices, Camila.» ¿Sospecha él en qué se están metiendo?

6. ¿Puede escaparse Ladislao de la influencia de la Iglesia? Dice: «Siempre seré el padre Gutiérrez... yo no puedo con Él.» ¿Qué significa esta última declaración?

7. ¿En qué sentido es la religión competencia para Camila? Según ella: «Cuando te veo rezar, me pongo celosa... »

8. Tras haber sido descubiertos, Camila encuentra a Ladislao en la iglesia. En ese momento, ¿tiene ella alguna esperanza de que puedan escapar y vivir felices juntos?

9. Cuando la pareja es detenida por los soldados, ¿quedamos con la impresión de que esto era inevitable?

10. ¿Merecían los amantes el destino que les esperaba?

11. La exhibición de escenas sexuales gráficas en el cine puede ser tanto parte lógica y natural del contexto de la historia, como simplemente «gratuita», es decir, imágenes superfluas que se incluyen sólo por su contenido. ¿Cómo caracterizaría Ud. las breves escenas sexuales en *Camila*?

12. Don Adolfo dice que Camila ha traicionado a su padre al huir de manera tan inmoral. Pero ésa no es la única traición. ¿Quién ha traicionado a Camila? ¿A quién o qué ha traicionado Ladislao?

13. Cuando Camila conoce a Ladislao, la joven tiene los ojos vendados con una tela blanca. En sus últimos momentos juntos, los dos amantes tienen también los ojos vendados, esta vez con una tela negra. ¿Cree Ud. que este detalle tiene algún valor simbólico?

14. El tema de este grupo de películas es *La mujer independiente*. Describa en qué sentido se puede considerar a Camila una mujer realmente independiente. ¿Piensa Ud. que es un tema apropiado para una directora con la convicción y el propósito de María Luisa Bemberg?

Actividades

1. ¿Quiénes y cómo son?

Trabajando en parejas o en grupos pequeños, traten de identificar a estos personajes, dando una breve descripción en español.

1. Camila O'Gorman _____

2. Ladislao Gutiérrez _____

3. Ignacio _____

4. el general Rosas _____

5. el pelotón _____

6. el padre Gannon _____

7. Eduardo _____

8. don Adolfo _____

9. el Monseñor _____

10. el padre Félix _____

11. Mariano _____

12. el comandante Soto _____

13. la «Perichona» _____

2. ¿Quién lo dice?

Trabajando en parejas o en grupos pequeños, traten de identificar a los personajes que dicen lo siguiente, y a quién(es) se lo dicen, en la película *Camila*.

_____ 1. ¿Es que no te das cuenta de quién estoy hablando?

_____ 2. No olvide que la mujer puede ser un instrumento del demonio.

_____ 3. —¿Qué voy a hacer contigo? —*Lo que Ud. Quiera.*

_____ 4. Camila se fue... los buscamos por todos los lados.

_____ 5. Yo no puedo con El.

_____ 6. ¿Te parece poco lo que he hecho para estar contigo?

_____ 7. Buenas tardes, padre Gutiérrez... El brazo de Dios llega a todas partes.

_____ 8. La mujer soltera es un caos... un desorden de la naturaleza.

_____ 9. ... sería una señal de que Dios no está enojado, ¿no es cierto?

_____ 10. —¿Estás ahí? —*Estoy a tu lado.*

3. Panel de expertos: ¿Quién tiene la culpa?

Los argentinos vienen disputando desde hace décadas sobre quién o quiénes son los culpables del trágico desenlace del escándalo de Camila y Ladislao. En un momento determinado de la historia, la madre de Camila se dirige a don Adolfo y, astutamente, identifica los diversos intereses que han impedido a personas de gran influencia expresar todo tipo de compasión por el destino de su hija.

La Iglesia piensa en su buen nombre... vos pensás en tu honor... Rosas en su poder... los Unitarios en cómo derribar al gobierno usando este escándalo. Pero en mi hija, ¿quién?

La cuestión de quiénes son los más culpables no es fácil de establecer. Organicen un panel de «expertos»* en el que cada cual pueda presentar evidencia de la culpabilidad de una persona o grupo determinado en esta tragedia. Es posible que las partes incriminadas no incluyan a los sospechosos más obvios. Es más, uno podría incluir a los propios amantes.

_____

* Para recordar la organización de un panel de expertos, vea en la sección **Avance,** *El panel de expertos.*

Como agua para chocolate

ALFONSO ARAU, 1992

 I Antes de ver la película

Novelista mexicana Laura Esquivel (1951–) y director mexicano Alfonso Arau (1932–)

Como agua para chocolate es una de las películas de más éxito en la historia del cine de México. Está basada en la primera novela (traducida a quince idiomas) de Laura Esquivel* quien, en aquel entonces, estaba casada con el director Alfonso Arau. Es un estudio del género realista mágico; un film de textura rigurosa, intercalado[1] de momentos de magia. La magia, se nos da a entender, puede cambiar la estructura del mundo real, si es transmitida a través del fuerte poder de las emociones. Tita, con su inquebrantable[2] devoción hacia Pedro y las intensas emociones que siente, es el perfecto instrumento para este tipo de película.

La historia parece decirnos que el verdadero amor, una vez revelado, nunca puede ser reprimido.[3] La comida aparece como la metáfora continua del amor irreprimible, tema que se usa a través de la película para representar la vida y la alegría de vivir. El título es una de las numerosas referencias a la cocina en el cuento. En México, el chocolate se hace añadiéndolo al agua hirviendo. Una persona en estado de exaltación de los sentidos está «como agua para chocolate», es decir, a punto de hervir. Pero los poderes especiales de las recetas de Tita van más allá de la metáfora. Mientras confecciona la torta para la boda de su hermana Rosaura, Tita llora desconsoladamente, amasando[4] la masa con sus lágrimas. Esto causa, involuntariamente, el llanto y las náuseas entre todos los asistentes a la recepción que comen la torta. Una cena de

---

[1] *interspersed*
[2] firme
[3] *repressed*
[4] *kneading*

*Aunque la película se adapta estrechamente a la novela de Esquivel (cuya lectura se recomienda), no se intenta comentar aquí las diferencias entre las dos versiones, dado que la novela no estará al alcance de todos los espectadores.

hablando del tema...

¿Sabe de alguna otra película donde la comida juegue un papel importante?

codornices,[5] elaborada en un momento de pasión hacia Pedro, despierta el apetito sexual, principalmente en su hermana Gertrudis.

Pero junto con la pasión y el amor imperecedero[6] existen emociones funestas:[7] la venganza, la obsesión y el odio. Tita es la figura central en todo lo que acontece y, por lo tanto, la que hace frente a los golpes de la vida: el espíritu de una madre malévola, el amor de un hombre con quien no puede casarse porque está enamorada de otro y la envidia reprimida de su hermana Rosaura, quien acaba muriendo misteriosamente. Este alternar entre la alegría y la tristeza se refleja en la historia de forma continua en el contraste visual entre la luz y la oscuridad, la luminosidad y lo siniestro; entre un oscuro rincón y la luz que penetra a través de las rendijas de una puerta, y en un ambiente lúgubre frente a las puestas del sol que no sólo decoran la pantalla, sino que la iluminan totalmente.

El papel de Tita lo representa con gran encanto la actriz mexicana Lumi Cavazos. El de Pedro lo hace Marco Leonardi, de origen australiano. Cavazos y Leonardi han participado juntos en otra película, una inconsecuente producción norteamericana, *Manhattan Merengue* (1996). Arau dirigió *A Walk in the Clouds* (1995) y aparece brevemente en *Romancing the Stone* (1987). La producción de *Como agua para chocolate,* el sexto largometraje de Arau, costó un millón de dólares y las ganancias ascendieron a dos millones en México solamente. Fue nominada para el *Golden Globe* en 1993.

El ambiente cultural

En la perspectiva de Arau del México de finales del siglo XIX, sentimos la constante presencia del polvo, el calor, el sofocante ambiente social y la sensación de una revolución inminente. Aparte de esto, no está claro, por lo menos desde el punto de vista político, cuál es la situación.

Tita nació en 1893. Para entonces, el presidente dictador, Porfirio Díaz, había estado al mando[8] del país por un período de doce años, divididos en dos etapas. Era éste un régimen conocido por una malsana[9] combinación de corrupción y tiranía brutal. Capital extranjero, en su mayor parte estadounidense, estaba siendo invertido con el fin de explotar la riqueza del país. Las haciendas eran confiscadas y puestas en manos de un número relativamente pequeño de ricos terratenientes.

Para 1910, cuando Tita ya tiene 17 años y se siente atraída hacia Pedro, se ven cuadrillas de rudos revolucionarios que se sublevan contra Díaz y «los federales». Uno de ellos fue Doroteo Aranga, quien más tarde cambió su nombre por el de Francisco «Pancho» Villa. Gertrudis, una de las hermanas de Tita, quien es «villista», regresa a casa para participar de la rosca de Reyes. Generala ya de la armada revolucionaria, llega junto con su esposo soldado, los sumisos compinches[10] («A sus órdenes, mi generala») y las clásicas bandoleras cruzadas sobre el pecho.

---

[5] *quail*
[6] *undying*
[7] *unfortunate, fatal*
[8] al... *in charge of*
[9] *unhealthy*
[10] *compañeros*

El mundo en que vive Tita es un pequeño universo atrapado entre los siglos XIX y XX y los cambios que se verán, incluso a lo largo de su vida: la aún no definida frontera entre los Estados Unidos y México, las culturas que separan a los dos países y las anticuadas formas de gobierno en oposición a las que están comenzando a surgir, incluso en 1910.

La trama

Como agua para chocolate tiene lugar en un rancho mexicano situado entre Texas y Coahuila, durante la revolución mexicana. Aunque son muchos los personajes, y sus relaciones complicadas, la siguiente es una lista de los más importantes.

mamá Elena	una viuda con tres hijas
Rosaura	la hija mayor
Gertrudis	la hija mediana
Tita	la hija menor
Pedro	el amor de Tita
Nacha	la sirvienta mestiza
Chencha	la hija de Nacha

A pesar de que se aman, Tita y Pedro no pueden contraer matrimonio. La madre de Tita insiste en seguir la tradición de que la hija menor sea la encargada de cuidar de su madre y permanecer con ella hasta su muerte. Tita está acongojada[11], especialmente cuando Pedro se casa con su hermana mayor, Rosaura. Más tarde, durante la recepción de la boda, Pedro le dice que, si se ha casado con Rosaura, es para poder estar cerca de ella, de Tita, de la que sigue enamorado. Al oír esto, vemos la alegría en el rostro de la muchacha.

A continuación ocurren ciertos acontecimientos que, alternativamente, separan a Tita de su amado Pedro o la acercan a él. La madre de Tita manda a Pedro y a Rosaura, junto con su hijo recién nacido, a vivir a Texas, aparentemente para alejarlos de la casa. No obstante, al poco tiempo reciben la noticia de que la criatura ha muerto; se cree que ha sido a causa de la mala alimentación (Rosaura es famosa por su ignorancia en lo referente a la cocina). Al enterarse de esto, Tita sufre como si se tratara de su propio hijo (ella lo había amamantado[12] y se sentía muy unida a él). Por fin deciden que Tita abandone la hacienda para poder recibir la atención médica del amable Dr. Brown. Pero Tita permanece en un estado catatónico hasta que un día va a visitarla su querida sirvienta y amiga, Chencha, quien le hace recordar todo lo bueno que existe en la vida.

Durante el tiempo que pasa con John (Dr. Brown), éste le explica la teoría de las cerillas.[13] Le dice que todos llevamos un cierto número de cerillas dentro del cuerpo. Cuando las circunstancias las prenden (una o dos a la vez), experimentamos el ardor que llamamos pasión. Si todas prendieran a la vez, le dice, las llamas nos consumirían. Mientras John le explica todo esto, Tita parece no prestarle ninguna atención pero, al final de la película, sus acciones nos demuestran lo contrario.

---

[11] *choked up*
[12] *nursed*
[13] *matches*

hablando del tema...

Varias películas del oeste referentes al siglo XIX nos muestran a «los federales» vestidos de uniforme azul. ¿Se les presenta como a un estereotipo de los buenos o de los malos? ¿Para quién trabajan? ¿Por qué están tan cerca de la frontera? ¿Cuál es su misión?

hablando del tema...

Tita es una mujer rebelde e independiente, en el sentido de que rehúsa aceptar la estricta tradición de la familia. Sin embargo, ¿es independiente respecto a sus relaciones con Pedro? Comente.

Para pensar

Las siguientes preguntas se basan en observaciones relacionadas con la primera parte de la película, para ayudarle a penetrar en la obra y a comprender el carácter de los personajes que va a ver. Dado que las respuestas van a ser en su mayor parte subjetivas, se recomienda que las comente con sus compañeros.

1. ¿Conoce Ud. alguna tradición en la cultura estadounidense que sea similar a la que Tita enfrenta en México, respecto a tener que sacrificar su propia vida para dedicarse al cuidado de su madre?

2. La comparación del Dr. Brown, de las emociones con las «cerillas» internas, parece absurda hoy en día. No obstante, teniendo en cuenta los avances de la ciencia respecto al comportamiento humano, ¿sabemos realmente cuál es la fuente de nuestras emociones?

3. Una frase romántica y común, especialmente en las canciones populares, es: «Moriría por amor.» Esta noción también se implica en la película. ¿Tiene sentido o es simplemente una contradicción? Es decir, ¿cómo puede uno amar estando muerto?

4. La comida es importante en *Como agua para chocolate*, principalmente cuando se trata de ocasiones especiales. Haga una lista de los acontecimientos de la vida en los que la comida juega un papel central.

Predicción

Basándose en lo que sabe hasta este punto por medio de la información que se le ha dado y por sus propias deducciones, escriba una breve predicción respecto al desenlace de esta historia. Tras haber visto la película, compare su predicción, y las de sus compañeros, para ver si coinciden con el final verdadero.

_____

_____

_____

_____

_____

_____

II Después de ver la película

Las escenas

Las siguientes preguntas sobre las escenas van acompañadas de vocabulario que aparece por varias razones. Las palabras pueden extraerse del diálogo hablado o de elementos visuales clave de la escena. Se dan aquí porque necesitan ser traducidas o porque pueden servir de recordatorio sobre lo que está ocurriendo, para ayudarle a comentar la escena en sí.

1. El comienzo

Nace Tita, la tercera de las tres hijas.

el acontecimiento	*event*
la desaprobación	*disapproval*
bromear	*to joke*
encargarse de	*to look after*

A ¿Quién es el narrador (la narradora) de la historia?

B ¿Bajo qué circunstancias nació Tita? ¿Qué acontecimiento mágico ocurrió tras su nacimiento?

C Los amigos del padre bromean acerca del hecho de que tiene tres hijas pero ningún hijo. Dice uno: «Bueno, él no tiene la culpa de todo.» ¿A qué se refiere?

D ¿Cómo reacciona el padre ante la noticia?

E ¿Quién se encarga del cuidado de la pequeña Tita?

F En la fiesta, afuera, la joven Tita le sonríe a Pedro. ¿Por qué demuestra desaprobación la madre?

2. Pedro declara su amor

Estamos en 1910, y Pedro ya está en edad de pedir la mano de su amada.

las burbujas	*bubbles*
la colcha	*quilt*
el hoyo negro	*black hole*
la masa	*dough*
la ardiente mirada	*burning look*
bajar la mirada	*to lower one's eyes*
brindar	*to toast*
hervir	*to boil*
tejer	*to knit*
atrevido/a	*daring*
precipitado/a	*rushed*
te corresponde cuidarme	*it's your job to look after me*

A ¿Cómo declara Pedro su amor por Tita? (¿Usa *usted* o *tú*?)

B ¿Con quién viene Pedro para hablar con doña Elena?

C ¿Cómo reacciona Chencha cuando doña Elena sugiere que Pedro se case con Rosaura, en lugar de casarse con Tita?

D ¿Qué hace Tita aquella noche?

3. La torta de boda

Tita le ayuda a Nacha a preparar la torta, y el resultado es inesperado.

el caldo	*broth*
el llanto	*sobbing*
el pastel	**la torta**
chillar	**gritar**

lastimar **hacer daño**

una mala cara *sour face*

ni una lágrima *not even one tear*

Ⓐ Cuando Nacha le da las buenas noches a doña Elena, usa la expresión « ...si Dios quiere». ¿Qué cree Ud. que quiere decir?

Ⓑ Esa noche, antes de la boda, Nacha prueba la masa de la torta. Al día siguiente, Tita la encuentra muerta. ¿Murió a causa de la masa?

Ⓒ ¿De qué hablan las mujeres según (*as*) entran en la iglesia para asistir a la ceremonia de la boda?

Ⓓ ¿Qué le dice Pedro a Tita durante la recepción? Para Pedro, ¿qué es «lo que más quiero»? ¿Cómo reacciona Tita? ¿Cómo reacciona su madre al verlos juntos?

Ⓔ ¿Qué efecto tiene la torta de boda en los invitados que la comen? ¿Qué hace doña Elena durante ese tiempo? ¿Qué simboliza para ella lo que encuentra?

4. La salsa de rosas

Tita prepara una comida mágica que estimula el apetito sexual.

la alquimia *alchemy*

el bordelo *whorehouse*

la codorniz *quail*

los federales **tropas del gobierno**

el placer *pleasure*

los villistas **tropas revolucionarias de Pancho Villa; sus miembros**

raptar *to kidnap*

Ⓐ ¿Qué le sugiere Pedro a Rosaura la noche de bodas? ¿Al cabo de cuánto tiempo consuman su matrimonio?

Ⓑ ¿Dónde ve Tita a Pedro aquella noche?

Ⓒ Rosaura trata de cocinar. ¿Cuál es el resultado?

Ⓓ Pedro le presenta un ramo de rosas a Tita. ¿Cuál es la ocasión?

Ⓔ ¿Qué decide hacer con las rosas Tita? ¿Qué efecto tiene su acción en los comensales? ¿Hacia dónde corre Gertrudis? ¿Por qué? ¿Quién la «rescata»? ¿Dónde acaba, según lo que se rumorea?

5. El mole de pavo

Las relaciones entre Tita y Pedro continúan hasta el punto en que su madre toma las medidas necesarias para ponerles fin.

el hielo *ice*

el mole *gravy with chili and spices (for turkey), often made with chocolate*

la nodriza *wet nurse*

la sandía *watermelon*

la tontería *something foolish*

estar en estado **estar embarazada (va a tener un hijo)**

lisonjear *to flatter*

sospechar *to suspect*

le da pecho *nurses it*

🅐 Cuando nace el bebé de Rosaura, ¿quién está allí para ayudarle?

🅑 ¿Quién necesita una visita semanal del doctor por su «condición delicada», según doña Elena?

🅒 El Dr. Brown lisonjea a Tita. ¿En qué piensa?

🅓 ¿Qué acto mágico se produce cuando el bebé de Rosaura necesita leche? ¿Quién lo amamanta?

🅔 ¿Por qué trae la familia un bloque grande de hielo y cuelga las sábanas?

🅕 ¿Quién se despierta durante la noche?

🅖 ¿Quién se marcha después? ¿Adónde van? ¿Por quién llora Tita cuando se marchan?

6. Malas noticias de Texas

Ha muerto el niño de Rosaura.

el aliento	*breath*
el chorizo	*type of sausage*
encender	*to light*
la escalera	*ladder*
el fósforo (la cerilla / el cerillo)	*match*
el manicomio	*insane asylum*
el palomar	*pigeon coop*
la vela	*candle*
arrugar	*to wrinkle*
pegar	*to hit*

🅐 Aparentemente, ¿cuál fue la causa de la muerte del bebé de Rosaura?

🅑 ¿Cómo reacciona Tita ante la noticia? ¿Qué le dice a su madre de la forma en que ésta la trata?

🅒 ¿Quién viene a buscarla? ¿Adónde la lleva? ¿Qué arrastran según se van?

🅓 ¿Tiene familia el Dr. Brown?

🅔 ¿Cuál es la teoría de John respecto a las cerillas que tenemos dentro?

🅕 En ese momento, Tita piensa que se ha librado de algo muy importante. ¿Qué es?

🅖 ¿Quién consigue que Tita hable? ¿Qué mensaje le da Tita para su madre?

7. John se declara

John le pide la mano a Tita; ella acepta.

| el entierro | *burial* |
| los recuerdos | *souvenirs* |

🅐 Durante una fiesta en el jardín, John le pide a Tita que se case con él. ¿Duda ella antes de aceptar?

🅑 Más tarde, reciben malas noticias del rancho. ¿Quién ha sido atacado/a? ¿Quién ha muerto?

🅒 Al abrir la caja de recuerdos de su madre, Tita ve que también su madre tenía sus propios secretos. ¿Qué encuentra Tita?

🅓 ¿En qué sentido tuvo mamá Elena una vida frustrada, similar a la de Tita?

8. La nueva niña

Rosaura tiene otro bebé, una niña.

el parto   *childbirth, delivery*

Ⓐ ¿Tuvo Rosaura un parto fácil?

Ⓑ ¿Qué nombre le quiere poner Rosaura a la niña? ¿Qué nombre le propone Tita en su lugar?

Ⓒ La pequeña Esperanza no quiere estar con su madre. ¿Por qué razón?

Ⓓ Rosaura quiere que Esperanza se críe como Tita —dedicando su vida al cuidado de su madre. ¿Qué opina de eso Tita? ¿Qué hace?

9. El amor secreto

El viaje de John

el mal aliento	*bad breath*
la chispa	*spark*
el cobertizo	*shed*
el flato	*flatulence*
la gordura	*fatness*
los truenos	*thunder*

Ⓐ ¿Qué sucede cuando Tita encuentra a Pedro en el cobertizo?

Ⓑ Rosaura y Chencha ven llamas afuera. ¿De qué se trata? ¿Tiene esto alguna relación con la teoría de John?

Ⓒ ¿Qué sospecha Rosaura? ¿Qué tipo de ayuda le pide a Tita?

Ⓓ ¿Qué problemas tiene Rosaura en ese momento? ¿Cómo va a ayudarle Tita?

10. El fantasma de mamá

Tita ve tres veces el rostro de su madre en la ventana.

los antepasados	*ancestors*
el fantasma	*ghost*
el rosco (la rosca) de Reyes	*round cake served at Epiphany*
en estado interesante	*embarazada*

Ⓐ ¿Qué bebé maldice mamá Elena? ¿Por qué es irónico el hecho de que la madre regañe a Tita por su falta de «moralidad» y «buenas costumbres»?

Ⓑ ¿Qué es el rosco (la rosca) de Reyes? ¿Cuándo se sirve?

Ⓒ El perro ladra durante la fiesta. ¿Qué le ha asustado? ¿Habla el fantasma?

Ⓓ ¿Quién llega a la fiesta inesperadamente? ¿Cómo reacciona Tita?

Ⓔ ¿Qué cargo ocupa Gertrudis ahora? ¿Cómo la tratan los hombres?

Ⓕ ¿Demuestra Tita interés en hablar de sus problemas con Gertrudis?

Ⓖ ¿Por qué insiste Gertrudis en hacer torrejas de nata?

11. Entre hermanas

Gertrudis aconseja a Tita sobre la situación de ésta con Pedro.

el embarazo	*pregnancy*
deshacerse	*to get rid of*
fugarse	*to elope*
tropezar	*to run into*
achispado/a	*tipsy*
ilícito/a	*illegitimate (child)*

Ⓐ Gertrudis se da cuenta de que Tita está preocupada:

GERTRUDIS: Es por Pedro, ¿no?
TITA: Sí.
GERTRUDIS: Si lo sigues queriendo, ¿por qué te casas con John?
TITA: Ya no lo voy a hacer.
GERTRUDIS: ¿Por qué no te puedes casar?

¿Qué explicación le da Tita a Gertrudis?
Ⓑ ¿Qué opina Gertrudis de «la verdad»?
Ⓒ ¿Cómo arregla las cosas Gertrudis para que Tita «tropiece» con Pedro justo en el momento oportuno?
Ⓓ ¿Por qué no se fugan Tita y Pedro?
Ⓔ Mientras los hombres están afuera, un poco achispados, Tita se enfrenta al fantasma de su madre por última vez. ¿Qué le dice para deshacerse de él?
Ⓕ ¿Cuál es el último acto de maldad de mamá Elena?

12. Cosas que se debieran haber dicho antes

Rosaura y Tita mantienen por fin una conversación franca.

franco/a	*open*
agarrarse de la mano	*to hold hands*
estar pendiente de ti	*to notice you*
¡qué va!	*that's not true*
se burlan de mí	*they make fun of me*

Ⓐ ¿De qué trata la disputa entre Tita y Pedro? ¿Cómo se resuelve?
Ⓑ ¿Qué es lo que tienen que aclarar Rosaura y Tita?
Ⓒ Rosaura le dice a Tita: «Te prohíbo que te acerques a mi hija.» Después de todo lo que Tita ha hecho por los hijos de su hermana, ¿cómo es posible que Rosaura le diga eso ahora?
Ⓓ Tita dice: «La tradición morirá conmigo.» ¿Qué tradición?

13. La boda: Esperanza y Alex

Estamos en 1934. Esperanza se casa con Alex, el hijo de John.

el agua (*f.*) corriente	*running water*
el frigo	*fridge*
el invitado / la invitada	*guest*
la radio	*radio*
impedir	*to prevent*
leer los labios	*to read lips*
soñar	*to dream*
de blanco	(*dressed*) *in white*
en serio	*for real*
el qué dirán	*public opinion*

La cena con la tía de John

Ⓐ ¿Cuánto puede oír la tía?
Ⓑ ¿Qué le confiesa Tita a John?

Preparativos para la boda

C Durante los preparativos para la boda, ¿qué ejemplos ve Ud. de la modernización de la vida en el rancho?

D ¿Qué diferencias notamos en la vida de Chencha?

E ¿Por qué parece estar triste John?

F ¿Adónde va a ir Esperanza con su esposo?

Tita y Pedro

G ¿Quién baila con Tita en la boda de Esperanza?

H ¿Cuánto tiempo ha esperado Pedro para pedirle a Tita que se case con él?

I ¿Habría permitido Rosaura que Tita se casara?

J ¿De qué murió Rosaura?

K ¿Por qué dicen las mujeres que daría mala impresión que Pedro permaneciera con Tita?

14. Como agua para chocolate

Todos los invitados se despiden, dejando a Pedro y a Tita solos.

la cerilla	*match*
el relámpago	*lightning*
masticar/mascar	*to chew*

A ¿A quién ve Tita cuando entra en la habitación?

B ¿De dónde viene la luz?

C ¿Cuál parece ser la causa de la muerte de Pedro?

D ¿Por qué mastica cerillas Tita?

E ¿Qué representa el túnel en la escena final?

Interpretación

1. La historia comienza en 1893 y termina en los años treinta. ¿Se refiere sólo a Tita, desde que nace hasta que muere? Explique.

2. ¿Quién es la niña que nace en la mesa de la cocina?

3. ¿Se podría decir que Nacha actúa como si fuera la madre de Tita, especialmente dada la personalidad de su verdadera madre? Comente.

4. ¿Qué representan las cerillas (los fósforos) en la teoría de John, el médico?

5. *Ménage à trois:* Tita se queda para ayudar a su hermana Rosaura, que está enferma, a su esposo Pedro y a la niña, Esperanza. ¿Es una situación comprometida?

6. Gertrudis habla de la revolución: «No sería tan mala si uno pudiera comer a diario con su familia.» ¿Está hablando literalmente de la comida?

7. Gertrudis le dice a Tita: «La verdad es que la verdad no existe. Todo depende.» Por ejemplo, ¿qué es más real, el matrimonio entre Pedro y Rosaura o el amor entre Pedro y Tita?

8. ¿Existe alguna relación entre el accidente de Pedro y el fantasma de la madre?

9. ¿Le dice Tita la verdad a John sobre sus relaciones con Pedro?

10. Al final, otra boda. ¿Quiénes se casan? ¿Cuál es la ironía de esta boda? ¿En qué se diferencia de la de Rosaura veintidós años antes?

11. Terminada la boda, todos se marchan; Tita y Pedro están solos. ¿Adónde la lleva Pedro?

12. ¿Cómo se puede interpretar la última escena? ¿Tiene todavía alguna relación con la madre de Tita? ¿Otra maldición quizá?

13. Varios críticos han comentado que, aunque en general les ha gustado la película, en su opinión el final es un poco artificial. ¿Es artificial o apropiado, dado el aspecto mágico de la historia? ¿Pueden Ud. y sus compañeros pensar en un final mejor?

Actividades

1. ¿Quiénes y cómo son?

Trabajando en parejas o en grupos pequeños, traten de identificar a estos personajes, dando una breve descripción en español.

1. doña Elena _____

2. Rosaura _____

3. Gertrudis _____

4. Tita _____

5. Pedro _____

6. Nacha _____

7. Chencha _____

8. John _____

9. Esperanza _____

10. Porfirio Díaz _____

2. ¿Quién lo dice?

Trabajando en parejas o en grupos pequeños, traten de identificar a los personajes que dicen lo siguiente, y a quién(es) se lo dicen, en la película *Como agua para chocolate.*

_____ 1. Quisiera aprovechar la oportunidad para decirle que estoy profundamente enamorado de Ud.

_____ 2. Las revoluciones no serían tan malas si uno pudiera comer a diario con su familia.

_____ 3. A sus órdenes, mi generala.

_____ 4. La tradición morirá conmigo.

_____ 5. La verdad es que la verdad no existe. Todo depende.

_____ 6. Si lo sigues queriendo, ¿cómo vas a casarte con John?

_____ 7. Te prohíbo que te acerques a mi hija.

_____ 8. Ya no me asustas. Te odio.

_____ 9. Pedro, ¡qué casualidad que llegues ahora! Mi hermana tiene algo que decirte.

_____ 10. Gertrudis, cuánto me alegro de verte.

3. Panel: La mujer independiente

El tema de esta sección es la mujer independiente. En el contexto de la cultura hispánica y de la familia hispánica tradicional, particularmente en el marco de esta película, la mujer verdaderamente independiente servirá de ejemplo de lo que significa pensar y actuar por una misma, desafiando la tradición cuando ésta es anticuada e injusta, y no permitiendo ser catalogada como parte de un grupo amorfo en el que la personalidad propia queda sumergida, homogeneizada y —por último— asimilada.

Dada esta limitada definición, organice un panel de expertos* para considerar a las dos hermanas, Tita y Gertrudis. Ambas, a su modo, son mujeres independientes. Las dos consiguen imponerse a las sofocantes costumbres de la sociedad a que pertenecen. No obstante, está claro que son muy distintas y que llegan a conseguir su propia meta por caminos distintos.

---

* Para recordar la organización de un panel de expertos, vea en la sección *Avance, El panel de expertos.*

CAPÍTULO

9

De eso no se habla

María Luisa Bemberg, 1994

 ## I Antes de ver la película

Marcello Mastroianni en una escena de *De eso no se habla*

María Luisa Bemberg es una de las directoras de cine más aclamadas en el mundo hispanohablante, dedicada a crear películas que «presentan imágenes de mujeres independientes y de gran coraje». Su primera película se estrenó en 1981, cuando ella tenía 56 años de edad. En 1984 fue nominada para el Oscar por *Camila,* un convincente retrato de una mujer que lucha por la independencia en el ambiente duro y sofocante de la sociedad argentina de la década de 1860 (vea el Capítulo 7). Diez años después, Bemberg penetra aún más a fondo en la psique[1] humana en *De eso no se habla.* Basada en el cuento de Julio Llinas, es un estudio sobre la obsesión de una madre que, en su empeño por evitar que su hija se convierta en una paria social, acaba aislándose del mundo. La película cuenta con la actuación extraordinaria de Luisina Brando en el papel de la madre, Alejandra Podesta (Carlota/Charlotte) y la de Marcello Mastroianni (la última película que hizo este actor).

Otras películas de María Luisa Bemberg: *Camila; Miss Mary; Yo, la peor de todas.*

El ambiente cultural

Argentina es el país más «europeo» de todo Latinoamérica. Aproximadamente un 85 por ciento de argentinos procede de Europa, de Italia en particular. Son pocos los que han contraído matrimonio con la gente indígena del país, por lo que casi no hay mestizos. Lo que sí existe es una rica mezcla de culturas: personas de origen italiano, alemán, español o checoslovaco (entre otros); todos hablan español. Los personajes de la película, incluso los que hacen papeles secundarios, representan varios orígenes étnicos.*

---

[1] *psyche*

* Entre los apellidos de los actores figuran Brando, Podesta, Blum, Carnaghi y Lacoste.

hablando del tema...

De eso no se habla trata, en cierto sentido, de la fuerza del instinto maternal, de lo que una madre está dispuesta a hacer para proteger a su hija. ¿Puede hablar de otras películas que traten también sobre este tema?

El español que se habla en Argentina tiene características distintivas. Las más notables son el uso de *vos* en vez de *tú* (acompañado de una serie de formas verbales propias), y la pronunciación del sonido [zh] (como en la sílaba final de la palabra *mirage,* en inglés) en lugar de [y] o [ll] en palabras tales como *yo* y *calle.* Observe, por ejemplo, en la película la forma de hablar de Leonor. (Por otra parte, el señor D'Andrea es un personaje italiano, papel que desempeña el legendario actor italiano Marcelo Mastroianni.)

Los argentinos también son conocidos por sus ranchos de ganado vacuno y su preferencia por las chuletas (son los mayores consumidores de carne de res en Latinoamérica). Son igualmente famosos por haber inventado el tango, un estilo de música y baile que expresa las emociones de manera dramática y sensual.

La trama

Durante los años treinta, en San José de los Altares, un pueblo pequeño de Argentina, una madre intenta ocultar el hecho de que su hija, Carlota,* es enana. Leonor, la madre, siempre amará a su hija y la protegerá, pero no es capaz de soportar que la gente la critique o haga comentarios acerca de ella, directa o indirectamente; es decir, «de eso no se habla, ni se hablará nunca». Esta preocupación de Leonor por la opinión pública se convierte en una obsesión que la consume. Al final, Carlota resulta ser una persona mucho más abierta que su madre, en cuanto a su posición en la sociedad y a su aspecto físico.

Al comienzo de la película, Leonor se está quitando las joyas al anochecer, pensando al mismo tiempo en la fiesta de cumpleaños que acaban de celebrar. Es el segundo cumpleaños de Carlota. Pronto podremos observar que también es el catalizador de los acontecimientos que constituyen el resto de la película.

Para pensar

Las siguientes preguntas se basan en observaciones relacionadas con la primera parte de la película, para ayudarle a penetrar en la obra y a comprender el carácter de los personajes que va a ver. Dado que las respuestas van a ser en su mayor parte subjetivas, se recomienda que las comente con sus compañeros.

1. La directora dedica la película a «todos los que tienen el valor de ser distintos para ser ellos mismos». ¿Cómo interpreta Ud. esta dedicatoria? ¿Es necesario ser distinto para ser uno mismo?

2. Hablando de asuntos románticos, Leonor dice: «Una mujer no se equivoca en estas cosas.» ¿Piensa Ud. que las mujeres son las «expertas» en este campo?

3. ¿Qué imagen tiene Ud. de los bordelos (casas de prostitución)? ¿Es posible que los frecuente un hombre digno y respetable? ¿Puede ser que en otros países la actitud de la gente sea distinta de la de los Estados Unidos?

---

* Carlota, tal vez debido a que estudia francés, prefiere que la llamen Charlotte. Ambos nombres se usan a lo largo de la película.

4. Antes de ver la película, comente con sus compañeros la imagen que tiene de Argentina. Después de verla, comenten las diferencias que encontraron.

5. ¿Cuál es la primera impresión que nos causa una persona con un defecto físico? ¿Cambia nuestra actitud una vez que llegamos a conocerla a fondo?

Predicción

Basándose en lo que sabe hasta este punto por medio de la información que se le ha dado y por sus propias deducciones, escriba una breve predicción respecto al desenlace de esta historia. Tras haber visto la película, compare su predicción, y las de sus compañeros, para ver si coinciden con el final verdadero.

_____

_____

_____

_____

_____

_____

 II Después de ver la película

Las escenas

Las siguientes preguntas sobre las escenas van acompañadas de vocabulario que aparece por varias razones. Las palabras pueden extraerse del diálogo hablado o de elementos visuales clave de la escena. Se dan aquí porque necesitan ser traducidas o porque pueden servir de recordatorio sobre lo que está ocurriendo, para ayudarle a comentar la escena en sí.

1. La fiesta de cumpleaños ――――――――――――――――

Se celebra el segundo cumpleaños de Carlota.

(la canción) cumplir años	**canción: «Cumpleaños feliz» (« ...que los cumpla feliz... »)**
el chisme	*gossip* (**el hablar de la gente con malicia**)
el sordomudo / la sordomuda	**alguien que ni oye ni habla**
castigar	*to punish*
susurrar	*to whisper*

Ⓐ ¿De quién susurran las mujeres?

Ⓑ Al terminar la fiesta, ¿por qué se marcha una madre diciendo: «Dios la castigó una vez y no será la última»? ¿A quién se refiere?

2. Un recado por la noche

La noche del cumpleaños, Leonor tiene una misión.

el almacén	*store*
el coche de caballos	*carriage*
el enano / la enana	*dwarf*
la estatua	*statue*
el pico	*pick* (*tool*)
destruir	*to destroy*
enterrar	*to bury*
quemar	*to burn*

Ⓐ Leonor sale de noche de la casa y va a su tienda, que está justo enfrente. ¿Quién duerme allí? ¿Por qué lo despierta?

Ⓑ ¿Qué es lo que destruye y entierra Leonor? ¿Qué libros quema luego?

Ⓒ ¿Qué sabemos ahora de la hija de Leonor, que posiblemente explique lo que hace durante la noche?

Ⓓ ¿Quiénes se despiertan mientras Leonor cumple su «misión»?

3. En la iglesia

Leonor habla con el cura.

el difunto esposo	**esposo muerto**
el padre	**el cura, el sacerdote**
desagradable	*unpleasant*
reprochable	**condenable**

Ⓐ En la iglesia, ¿con quién habla Leonor? ¿Reconocemos a este hombre? ¿Cuál es el verdadero tema de la conversación?

Ⓑ ¿Cuáles son los hechos desagradables, según el cura?

4. El tutor

Carlota recibe instrucción en casa.

con aplicación	**con dedicación**
dotada con	*endowed with*
la vivaz inteligencia	**inteligencia muy activa**

¿Qué evidencia tenemos de que Carlota es una buena estudiante?

5. El Sr. D'Andrea

El misterioso y distinguido Sr. D'Andrea visita el almacén de Leonor.

el espía	*spy*
las siete maravillas	*the seven wonders* (*of the world*)
el millonario	*millionaire*
el mono	*monkey*
el noble	*nobleman*
el refugiado político	*political refugee*

Ⓐ La gente del pueblo especula sobre el Sr. D'Andrea. Según ellos, ¿cuál puede ser el origen de este señor?

Ⓑ ¿Existe alguna razón aparente del porqué de su presencia en el pueblo?

6. La fiesta de Leonor

Leonor da una fiesta en su casa.

la copita de licor	*glass of liqueur*
la coquetería	*vanity*
la licencia	*permissiveness*
la lujuria	*lust*
el buen mozo	*good-looking fellow*
la niña	*girl*
la soberbia	**arrogancia**
rezar	*to pray*
cultivado/a	*well-educated*
a dormir	**a la cama**
con recursos	*wealthy*

Ⓐ ¿Cómo se divierten los invitados? ¿Con quién está el Padre? ¿Quién toca el piano?

Ⓑ Después de que Charlotte se va a la cama, Leonor y los invitados juegan a «juegos de adultos». ¿Qué clase de juegos son?

Ⓒ ¿Qué quiere dar a entender el Sr. D'Andrea cuando dice: «Como dice el tango, doña Leonor, en mi vida he tenido muchas, muchas niñas, pero nunca una mujer»?

7. El bordelo

Después de la fiesta de Leonor, el Sr. D'Andrea va a un bordelo del pueblo.

el bordelo	**casa de prostitución**
el acuerdo	*agreement*
el alcalde	*mayor*
¡Carajo! (*vulg.*)	**¡Caramba!**

Ⓐ ¿A quién busca el Sr. D'Andrea en el bordelo?

Ⓑ ¿Qué hace el alcalde allí? ¿Es difícil comprender lo que dice? ¿Cuál es la disputa entre él y el Sr. D'Andrea?

8. El comité para recaudar fondos

En la rectoría: el comité quiere recaudar fondos para el orfanato.

el concierto de piano	*piano concert*
el orfanato	*orphanage*
la tómbola	*raffle*
arriesgarse	*to take a risk*
encargar	*to take charge*
recaudar fondos	*to raise money*

Ⓐ ¿Qué tipo de actividad sugiere Leonor? ¿Y la señora que está a su lado?

Ⓑ ¿Tiene la misma categoría una tómbola que un concierto de piano?

Ⓒ ¿Qué dudas tienen sobre la idea de un concierto con Charlotte como pianista?

Ⓓ ¿Qué sugiere Leonor como alternativa? ¿Habla en serio?

9. En el almacén

El Sr. D'Andrea y Charlotte hablan del trópico.

la desdicha	*suffering*
la orquídea	*orchid*
la selva	*jungle*
estremecerse	*to shudder*
Buen día	**Buenos días**

¿Qué nos demuestra esta escena?

10. Charlotte baila en su cuarto

Leonor encuentra a Charlotte bailando al son de la música de Edith Piaf.

el botón	*button*
Carmen	**opera de Bizet**
el espejo	*mirror*
el tocadiscos	*record player*
los zapatos de tacón (alto)	*high-heeled shoes*
parar	*to stop*

Describa cómo está vestida Charlotte. ¿Por qué para el tocadiscos su madre?

11. Charlotte y el caballo

El Sr. D'Andrea mira a Charlotte montada a caballo.

la escalera	*ladder*
la jaca	*pony*
el velero	*sailboat*
dar vueltas	**andar en círculos**
enamorarse	*to fall in love*
salir corriendo	*to run away*
subir	*to climb*
me mortifica	**me da vergüenza**

El primer caballo

Ⓐ Cuando el Sr. D'Andrea lleva a Leonor a ver el primer caballo, ¿qué reacción notamos en ella? ¿Qué problema presenta el caballo?

El nuevo caballo

Ⓑ Ahora Leonor lleva al Sr. D'Andrea a ver a Charlotte. Cuando el Sr. D'Andrea sube la escalera, ¿qué ve? ¿Cómo reacciona?

12. El concierto de piano

Charlotte toca el piano para la gente del pueblo.

el cornudo	**hombre cuya mujer le es infiel**
la disputa	*argument*
el duelo	*duel*
el maquillaje	*makeup*
la sala	*(concert) hall*
desobedecer	**no obedecer**
saludar	*to take a bow (in this context)*
estoy conmovido	*I'm moved*
no hay motivo	*there's no reason*

El concierto

Ⓐ ¿Sigue Charlotte las instrucciones que le dio su madre antes del concierto?

La disputa

Ⓑ ¿Quién es el señor que le habla al Sr. D'Andrea durante el concierto?
Ⓒ ¿Disputan? ¿Cuáles son las consecuencias del doble insulto?

13. El hospital

El Sr. D'Andrea sale del hospital y se marcha.

la cacería	*hunting*
la conjetura	*speculation, theory*
las deudas de juego	*gambling debts*
el impulso patriótico	*patriotic fervor*
marcharse	*to leave*
prever	*to foresee*
¡que susto... !	*What a fright!*

Ⓐ ¿Qué le pregunta D'Andrea al doctor (con el que tuvo el duelo) en el hospital?
Ⓑ ¿Por qué menciona Leonor la cacería?
Ⓒ D'Andrea abandona el hospital. ¿Qué teorías circulan sobre su desaparición?

14. El regreso

El Sr. D'Andrea vuelve a San José de los Altares y habla seriamente con el Padre.

el pecador / la pecadora	*sinner*
la amo	*I love her*
la broma de mal gusto	*joke in bad taste*
la deseo	*I desire her*
me niego	**me opongo**

Ⓐ La confesión de D'Andrea: ¿De quién está hablando cuando se refiere a «la única persona que he aceptado completamente»?
Ⓑ ¿Por qué se opone el Padre?

15. La cita

Leonor le anuncia a Charlotte que tiene una cita con el Sr. D'Andrea.

la autorización	**el consentimiento**
la cita	*date*
la felicidad	*happiness*
la locura	**error o equivocación descabellada** (*senseless*)
burlarse de	**reírse de**
equivocarse	**cometer un error**
apasionado/a	*passionate*
inesperado/a	*unexpected*
le dije que sí	*I told him yes*
nunca pensé en eso	*I never thought about it*

Leonor y D'Andrea

Ⓐ ¿Por qué parece interesarle tanto a Leonor la cita con D'Andrea?

Ⓑ ¿Cuál cree ella que es el propósito de la cita?

Ⓒ Leonor le dice a D'Andrea: «Una mujer nunca se equivoca en estas cosas.» ¿Qué cosas? ¿Es posible que se haya equivocado?

Ⓓ ¿Por qué dice D'Andrea: «Te juro, Leonor, que Charlotte tendrá no sólo un marido fiel, sino apasionado»?

Charlotte habla con D'Andrea

Ⓔ ¿Qué le dice D'Andrea a Charlotte en el granero?[2] ¿Qué le contesta ella, aparentemente?

Ⓕ Después Charlotte le cuenta todo a su madre. Leonor le pregunta a Charlotte: «¿Estás contenta?» ¿Qué le contesta Charlotte? ¿Por qué le dice: «La felicidad no es todo»?

Ⓖ ¿Demuestra ser «apasionada» Charlotte?

16. La reacción

Los clientes regulares del bordelo se enteran de los planes de D'Andrea.

el aparejo	*instrument*
la broma	*practical joke*
el elegido	*the chosen one*
el hombre completo	**hombre que lo tiene todo**
felicitarlo	**desearle suerte**

Ⓐ ¿Cómo reaccionan los amigos de D'Andrea ante la noticia?

Ⓑ ¿Qué broma hace el hijo del comisario?

17. La boda

El alcade no se encuentra bien.

| el entierro | *burial* |
| los figurines | **figuras miniaturas pequeñas de una pareja de novios para decorar una torta** |

---

[2]*barn*

el hielo	*ice*
el momento culminante	*supreme moment*
la risa	*laugh, laughter*
la silla de ruedas	*wheelchair*
el sorteo de las flores	*raffling off the flowers*
conservar intacto	*to preserve*
llorar	*to cry*
ilícito/a	**ilegal**
improvisado/a	*unrehearsed*
legítimo/a	*lawful*
se incrementaba	*increased*

Preparativos

A ¿Por qué está Leonor tan preocupada por la salud del alcalde?

La boda y la fiesta

B ¿Qué problema surge durante la boda? ¿Cómo lo resuelve Leonor?

C ¿Qué hace Leonor al final de la ceremonia?

D El baile de los novios: ¿Cómo soluciona el problema D'Andrea?

18. El circo

Leonor está preocupada al ver llegar un circo al pueblo.

la función	*performance*
los rayos	*lightning*
el trueno	*thunder*
ilusionado/a	*excited*
al menos	*at least*

A Más tarde, Leonor está en el cementerio cuando ve llegar algo. ¿Qué es?

B Va directamente a hablar con el nuevo alcalde. (¿Quién es?)

C Le dice Leonor: «No pueden venir... nunca han venido.» ¿Por qué tiene Leonor esta obsesión con el circo?

D Durante la noche hay una tormenta. Charlotte sale. ¿Adónde piensa D'Andrea que ha ido su mujer? ¿Adónde ha ido en realidad? ¿Por qué?

E El circo se va del pueblo. ¿Quién forma parte de la caravana ahora? ¿Adónde va?

Interpretación

1. La directora de la película, María Luisa Bemberg, dice que en sus obras trata de contar la historia desde el punto de vista de una mujer, con protagonistas femeninas. ¿De qué forma refleja su intención *De eso no se habla*?

2. Recuerde la dedicatoria: «Dedicado a todos los que tienen el valor de ser distintos para ser ellos mismos.» Ahora que ha visto la película, ¿cómo interpreta esta dedicatoria? ¿Qué relación tiene con la historia?

3. ¿Por qué quería morir en el duelo el Sr. D'Andrea?

   Las citas de 4 a 9 son comentarios del narrador (Mahomed). ¿A qué situación pueden aplicarse? ¿Qué significan?

4. «Como es sabido, la felicidad es un estado innegable,[3] pero sólo se deja narrar cuando se ha desvanecido.[4] Escurrió el tiempo, noche tras noche, con un aliento secreto e implacable de lo que está para siempre... »

5. «El Sr. D'Andrea acudió a la alcaldía y atendió sus asuntos, sin formular el menor comentario. Pero por la tarde ya no se supo nada de él... » ¿Qué sugiere esto?

6. «La pasión de don Ludovico por Charlotte incrementaba con el paso del tiempo... su pequeña esposa le correspondía con una devoción consecuente... »

7. «Antes de que la caravana alcanzara a trasponer los límites de San José de los Altares, doña Leonor se encerró entre las paredes de su casa... y así fue para siempre.» ¿Qué significa «así fue para siempre»? ¿Cómo se explica esta reacción de Leonor?

8. «Su bote apareció volcado,[5] pero su cuerpo nunca fue hallado. Esta falta de evidencia alentó[6] a los [fantasiosos] quienes, aún hoy, no aceptan que Ludovico D'Andrea se haya dado por muerto y sostienen que fue visto en los sórdidos barrios de Hamburgo, sucio y desaliñado,[7] merodeando,[8] por un circo... »

   «Yo mismo, Mahomed Ben Ali, maestro de escuela y fiel testigo, preferiría que así fuera... » ¿Por qué opina así Mahomed?

9. «Y de aquello de lo que no se había hablado, seguía sin hablarse... » ¿Qué es «aquello»?

Actividades

1. ¿Quiénes y cómo son?

Trabajando en parejas o en grupos pequeños, traten de identificar a estos personajes, dando una breve descripción en español.

1. Leonor _____

2. Carlota/Charlotte _____

3. Ludovico D'Andrea _____

4. el alcalde _____

5. el nuevo alcalde _____

6. Mahomed _____

7. el padre Aurelio _____

8. Madama _____

9. la viuda Schmidt _____

---

[3]*undeniable*
[4]desaparecido
[5]*turned over*
[6]*encouraged*
[7]*unkempt*
[8]*roaming*

2. ¿Quién lo dice?

Trabajando en parejas o en grupos pequeños, traten de identificar a los personajes que dicen lo siguiente, y a quién(es) se lo dicen, en la película *De eso no se habla*.

_____ 1. De eso no se habla, ni se hablará nunca.

_____ 2. Una mujer no se equivoca en estas cosas.

_____ 3. Dios la castigó una vez y no será la última.

_____ 4. En mi vida he tenido muchas, muchas niñas, pero nunca una mujer.

_____ 5. Es la única persona que he aceptado completamente.

_____ 6. La felicidad no es todo.

_____ 7. No pueden venir... nunca han venido.

_____ 8. Carlota tendrá no sólo un marido fiel, sino apasionado.

_____ 9. Hay los que sostienen que Ludovico fue visto merodeando por un circo. Yo preferiría que así fuera.

3. Debate: El papel de Leonor en la vida de Carlota

La actitud de Leonor hacia Carlota es amorosa y atenta. Se podría incluso decir que, de hecho, la madre es demasiado protectora, que inhibe las posibilidades de independencia de la hija y de su ascenso en la escala social, decidiendo por ella lo que debe ver y hacer. Leonor cree, sin duda, que es una buena madre pero, ¿es buena para Carlota?

Proposición: Que la actitud protectora de Leonor hacia Carlota es malsana para la joven, porque sofoca su independencia.

Si quieren, pueden escoger otro tema apropiado para el debate,* con tal de que sea controvertible.

---

* Para recordar cómo se organiza un debate, vea en la sección **Avance,** *El debate.*

10

Mujeres al borde de un ataque de nervios

PEDRO ALMODÓVAR, 1988

El director español, Pedro Almodóvar (1951–)

 I Antes de ver la película

El famoso director Luis Buñuel (Capítulo 2) utilizaba la narrativa de la película como punto de partida hacia una ingeniosa y a veces dura crítica sobre los principios morales, la religión y la hipocresía. De forma similar, Pedro Almodóvar utiliza sus enmarañadas,[1] absurdas e irreverentes fantasías para destruir el represivo legado[2] del dictador español, Francisco Franco. El resultado es la producción de películas cómicas con cierto humor negro, blasfemas, violentas y eróticas; películas que, en todo caso, no se pueden ignorar.

Almodóvar llegó a Madrid, procedente de Andalucía, en 1970 con el propósito de estudiar cinematografía. Además de carecer de dinero, pronto descubrió que las escuelas de cinematografía habían sido cerradas por Franco. Como muchos otros aspirantes a director en su situación, se compró una cámara super-8 y comenzó a rodar cortometrajes con sus amigos. Su primera película comercial, *Pepi, Luci, Bom y otras chicas del montón* (1980) fue filmada en 16mm y ampliada a 35mm para su estreno. Durante los primeros años tras la muerte de Franco, Almodóvar se concentró en filmes sensacionalistas y relativamente superficiales, los cuales no habría podido estrenar pocos años antes. En *Pepi, Luci,* por ejemplo, la heroína es violada[3] por un policía quien, a su vez, es atacado por las amigas de ella. La película provocó interés entre un grupo clandestino, cuyos miembros pertenecían a La Movida.* Pero después de poco tiempo, su interés por el cine va más allá de la mera satisfacción

---

[1] *twisted*
[2] *legacy*
[3] *raped*

*La Movida es un movimiento cultural pop de finales de los años setenta en Madrid.

Antonio Banderas, Pedro Almodóvar y Penélope Cruz en los Oscars del año 2000 cuando *Todo sobre mi madre* gana el Oscar por la mejor película extranjera

de ver hasta dónde puede llegar su irreverencia. En *¿Qué he hecho yo para merecer esto?* (1984), el clásico sentido de Almodóvar de lo absurdo e imprevisible se combina con una buena parte de sátira y comentario social.

Para cuando produjo *Mujeres al borde de un ataque de nervios* (1988), era obvio que Almodóvar tenía un mensaje. La película es, en parte, acerca de las mujeres en general y sobre el hecho de que, en realidad, éstas son más fuertes que los hombres. Sus filmes se burlan del machismo y presentan papeles importantes de mujeres enérgicas y agresivas. En *Mujeres,* Ivan, el clásico tipo macho, queda reducido a un afectado[4] imbécil pidiéndole perdón a Pepa, quien resulta ser una mujer segura y equilibrada, papel realizado por la magnífica actriz Carmen Maura. Maura ha sido la protagonista de varias películas de Almodóvar (el director tiende a usar los mismos actores). Antonio Banderas, que aparece aquí como el hijo inseguro y tartamudo[5] de una madre dominante, trabajó en otras películas de Almodóvar y, tras su éxito, consiguió papeles importantes en películas de otros directores, tales como *Desperado* y *Evita*.

Mujeres, nominada para el Oscar a la mejor película extranjera, tuvo gran éxito en los Estados Unidos. El filme subsiguiente, *¡Atame, átame!*, fue clasificado en la categoría de X, pero Almodóvar, de forma característica, se negó a recortarlo. Aunque admite que sus películas tienen una dimensión autobiográfica, expresada a través de sus personajes, afirma que nunca se refiere a sí mismo en la primera persona del singular. Pero sí insiste, no obstante, en controlar totalmente todos los aspectos de sus obras: producción, guión, selección de actores, dirección, promoción, e incluso la compra de chucherías[6] para uso en los platós.[7] En el año 2000, *Todo sobre mi madre* fue elegida por

---

[4]*wimpy*
[5]*stutterer*
[6]*trinkets*
[7]*(movie) sets*

hablando del tema...

Las películas de Almodóvar se describen aquí como «películas cómicas con cierto humor negro, blasfemas, violentas y eróticas». ¿Por qué razón un director interesado en la comedia muestra esa tendencia a ofender a cierto sector del público?

la Academia como la mejor película extranjera. Durante la entrega de los Oscars, Almodóvar subió al escenario fingiendo que había perdido el control, mostrando un entusiasmo exagerado mientras rebasaba el límite de tiempo asignado para la aceptación de los premios. Antonio Banderas aprovechó esta ocasión para pretender que lo sacaba a rastras del escenario.

Películas de Almodóvar con argumentos similares: *Todo sobre mi madre; ¿Qué he hecho para merecer esto?; La flor de mi secreto; La carne trémula.*

El ambiente cultural

En esta película, el ambiente cultural es la España del momento en que la película fue producida. Las películas de Almodóvar suelen tener la España corriente como fondo. Cuando hizo *Pepi, Luci* en 1980, sólo habían transcurrido cinco años desde la muerte de Franco y el director ya había comenzado a rebelarse contra el control franquista y los principios de la dictadura. En este filme violó toda forma de decoro y buen gusto y consiguió cierta fama clandestina. Cuatro años después, inició su sátira contra la familia,* la religión, el machismo y la moral convencional. Ni las tradiciones españolas más arraigadas escapan la crítica de Almodóvar. En *¿Qué he hecho yo para merecer esto?* ataca las corridas de toros. En esta película, la actriz Carmen Maura hace el papel de un ama de casa y víctima de la vida moderna que trabaja como empleada de limpieza en los suburbios madrileños.[8]

Aunque las películas de Almodóvar son del género cómico, tras la comedia existe un tono persistente de desesperación, de sátira social. Esto se debe, en parte, a que Almodóvar opina que el cine refleja la vida, y que la vida, como él la ve y según la presenta en sus obras, es una mezcla de melodrama, cursilería,[9] fantasía, exploración de las pasiones y sentimientos humanos, y de un irreverente sentido del humor. Y, por supuesto, todos estos aspectos de la vida y del cine aparecen en sus películas.

Lo que contribuye al tono serio de las películas de Almodóvar es su determinación por olvidar el pasado. En un país que ha pasado por cuarenta años de censura y que sólo ha tenido acceso a una cinematografía sancionada por el gobierno, el director se siente empujado a producir filmes que se encaren[10] a la tradición. Con un ojo infalible hacia el menor detalle, Almodóvar está resuelto a crear películas que afirmen «esto es nuevo», «esto es algo que no han visto antes». Observe, por ejemplo, su inconfundible estilo en el uso del color. En los primeros instantes de *Mujeres,* vemos a Pepa soñando con Iván, en una serie de escenas en blanco y negro. De pronto, la vemos acostada; lleva un pijama rojo que contrasta con las sábanas azules y la colcha[11] amarilla, rodeada de relojes rojos y azules, una lámpara amarilla y un teléfono rojo, hacia el que se avalanza[12] —todo ello en colores primarios, tal vez para hacernos recordar que éste es un mundo de fantasía, que el mundo del cine tiene más color simplemente porque no es real. Pero no hay duda de que también nos recuerda que ésta no es la sombría cinematografía gris de la España de Franco.

---

[8]de Madrid
[9]*tackiness*
[10]se... se enfrenten
[11]*quilt*
[12]*to make a dash for*

*Se refiere a la familia como «una invención maquiavélica para reprimir al individuo».

La trama

Todo el que haya visto una variedad de comedias inverosímiles,[13] con tramas complicadas, tendrá cierta sospecha de lo que tiene lugar en *Mujeres al borde de un ataque de nervios*. Aunque pertenece al género cómico, nos demuestra lo que se puede conseguir con una sana dosis de autoparodia,[14] buen estilo y sensibilidad hacia los personajes. La historia es un día en la vida de Pepa, quien está pasando por una crisis nerviosa porque su amante la va a dejar por otra mujer y también porque, según descubrimos, está embarazada. Ante este foro,[15] se va desarrollando una serie de acontecimientos poco probables y fortuitos, que ocurren exactamente en el momento oportuno. Como por arte de magia, Almodóvar consigue que todo parezca real y espontáneo.

Al comienzo de la película vemos a Pepa. Se ha despertado tarde y, por lo tanto, no va a poder llegar a tiempo a su trabajo. Trabaja en el doblaje de la voz de actores, un trabajo que crea emociones en la vida de personajes ficticios, al mismo tiempo que la suya propia se está desmoronando.[16] Sueña con su amante infiel, Iván (cuya voz reconocible es la del clásico doblaje masculino de las películas norteamericanas que se ven en España). Cuando está claro que Iván va a abandonarla, Pepa reacciona con gran furia: tira por la ventana el teléfono y la contestadora automática, quema la cama y le añade barbitúricos al gazpacho que prepara («Le encanta el gazpacho»). En medio de este tumulto, aparece su amiga Candela, que necesita un sitio donde esconderse debido a sus relaciones con un terrorista chiíta.

A pesar del aparente caos, existe cierta lógica en el transcurso de lo que vemos en la pantalla. Almodóvar pasa con gran destreza[17] de lo absurdo a lo trágico. Mientras arde la cama de Pepa, ésta, por un breve instante, permanece inmóvil, llorando —una flor de plástico «se marchita»[18] en su mano. Cuando la vemos en un anuncio de televisión sobre un detergente, representando a la orgullosa madre de un asesino que lava la ropa ensangrentada de su hijo, dejándola tan blanca que consigue equivocar a la brigada forense,[19] podemos observar lo bien que el mundo de la publicidad representa su propia absurdidad. Con un punto final melodramático, Pepa, harta de estas relaciones, le da la espalda a su adorado ex amante y lo despide con una frase que nos recuerda a Rhett Butler, el arquetípico amante de *Lo que el viento se llevó: «Frankly, my dear, I don't give a damn.»*

Para pensar

Las siguientes preguntas se basan en observaciones relacionadas con la primera parte de la película, para ayudarle a penetrar en la obra y a comprender el carácter de los personajes que va a ver. Dado que las respuestas van a ser en su mayor parte subjetivas, se recomienda que las comente con sus compañeros.

1. La mayor preocupación de Pepa, a lo largo de la película, es localizar, y a ser posible, recuperar a su amado, quien la ha abandonado. Pero

---

[13]*unbelievable*
[14]*self-parody*
[15]*background*
[16]*coming apart*
[17]*skill*
[18]se... *wilts*
[19]brigada... *forensic unit*

hablando del tema...

Desde los inicios del teatro, el humor ha servido como vehículo para la crítica. ¿A qué cree Ud. que se debe este fenómeno? ¿Opina que algunas de las comedias televisivas actuales contienen un mensaje social serio?

hablando del tema...

El personaje de Charlie Chaplin es muy cómico. También es muy triste: tiene accidentes constantemente, casi nunca logra seducir a su amada, no consigue trabajo y pasa hambre.

¿Cree Ud. que es posible que, cuando se trata de una comedia, es más fácil aceptar las vicisitudes de la vida puesto que, a pesar de que nos recuerdan el mundo real del dolor y del sufrimiento, nos permiten —aunque sea brevemente— ver éstos a través del humor?

existe cierta paradoja en esta situación: ¿Debe dedicar una mujer tanto tiempo y energía a un hombre que obviamente no tiene ningún interés en ella? ¿No se está humillando aún más?

2. La sexualidad en las películas de Almodóvar es generalmente ambigua. A veces la usa de forma más estilística que erótica, como en la escena en *Matador* en la que los dos amantes se matan mientras hacen el amor. En *¿Qué he hecho yo para merecer esto?* Carmen Maura es «violada» en la ducha por un policía impotente, en los primeros cinco minutos de la película. En *Mujeres* no se ven escenas sexuales y sólo se menciona el tema cuando Candela, la amiga de Pepa, habla del fin de semana que ha pasado con uno de los terroristas, una experiencia que todavía le pone «la carne de gallina».

   ¿Es posible que para Almodóvar la sexualidad no sea más que otro aspecto de la vida, al que no le da más importancia que a cualquier otro? ¿Recuerda a algún director o actor para quien la sexualidad es o ha sido una obsesión constante?

3. Desde el principio, una de las preocupaciones de Almodóvar es trazar una línea clara entre el mundo artístico (incluido el del cine) bajo Franco y el del «aperturismo», que caracteriza a la nueva España posfranquista. En los Estados Unidos no tenemos nada equivalente a la censura total por parte del gobierno, ni control de las artes, pero sí hubo un período en que algunos directores, guionistas y actores de Hollywood fueron reprimidos hasta el punto de acabar en la ruina. Comente con sus companeros/as lo que sepa de aquella época.

Predicción

Basándose en lo que sabe hasta este punto por medio de la información que se le ha dado y por sus propias deducciones, escriba una breve predicción respecto al desenlace de esta historia. Tras haber visto la película, compare su predicción, y las de sus compañeros, para ver si coinciden con el final verdadero.

_____

_____

_____

_____

_____

_____

II Después de ver la película

Las escenas

Las siguientes preguntas sobre las escenas van acompañadas de vocabulario que aparece por varias razones. Las palabras pueden extraerse del diálogo hablado o de elementos visuales clave de la escena. Se dan aquí porque necesitan ser traducidas o porque pueden servir de recordatorio sobre lo que está ocurriendo, para ayudarle a comentar la escena en sí.

1. Pepa llega al trabajo

Pepa se despierta tarde.

unos análisis	*test results* (lit. *analysis*)
el ático	*penthouse*
el despertador	*alarm clock*
el doblaje	*dubbing*
el somnífero	*sleeping pill*
desmayarse	*to faint*

Ⓐ ¿Por qué llama Iván a Pepa? ¿Consigue hablar con ella?

Ⓑ ¿Qué quiere Iván que haga Pepa?

Ⓒ ¿Se pone en contacto con él cuando llama a la oficina?

Ⓓ ¿Con quién habla? ¿Cómo se disculpa por haber llegado tarde?

Ⓔ Después de llegar al estudio, ¿qué le pregunta a la recepcionista?

Ⓕ ¿Qué información contiene el papelito que coge de la recepcionista?

Ⓖ Por fin comienzan a trabajar en el doblaje de la película. ¿Qué papel hace Pepa?

Ⓗ Pepa empieza a doblar su parte del diálogo, que Iván había doblado anteriormente. ¿Cuál es su reacción?

Ⓘ ¿Cuál es la sección del diálogo más difícil para Pepa?

2. Pepa intenta llamar a Iván

Pepa consigue el número de teléfono de la casa de Iván.

el desmayo	*fainting spell*
la zorra (*vulg.*)	*bitch*
atreverse a llamar aquí	*to dare to call here*
pararse el corazón	*to drop dead*
váyase a la mierda (*vulg.*)	*go to hell*

Ⓐ Pepa llama a casa de Iván. ¿Quién contesta? ¿Cómo reacciona esta persona?

Ⓑ ¿Qué le pide Pepa que haga?

Ⓒ ¿Quién trata de decirle a Lucía que tal vez ha reaccionado en exceso?

Ⓓ ¿Qué importancia tiene la escena acerca de la peluca de Lucía, su sombrero, su madre y su padre?

Ⓔ ¿Por qué se entrevista Pepa con un agente de inmobiliaria?

3. La llegada a casa

Pepa llega a casa con ganas de saber si hay noticias de Iván.

la farmacéutica	*pharmacist*
el gazpacho	**sopa de tomate que se sirve fría**
la licuadora	*blender*
la máquina contestadora	*answering machine*
la receta	*recipe*

Ⓐ ¿Qué favor le pide Pepa a la farmacéutica?

Ⓑ Cuando llega a casa, ¿qué es lo primero que hace?

Ⓒ ¿Se cree el mensaje que Iván le ha dejado en la contestadora?

Ⓓ ¿Por qué empieza a cortar tomates? ¿Qué va a preparar?

Ⓔ ¿Quién llama y deja un mensaje?

Ⓕ ¿Qué le añade Pepa al gazpacho? ¿Por qué dice: «Estoy harta de ser buena»?

Ⓖ ¿Por qué recoge la ropa de Iván y la mete en una maleta?

4. El incendio

Pepa, distraída, prende fuego a la cama.

la alfombra	*rug*
la manguera	*garden hose*
prender fuego	*to light a fire*
impasible	*aloof*
marchito/a	*wilted*

Ⓐ ¿Prende Pepa fuego a la cama intencionadamente?

Ⓑ ¿En qué estado mental tendría que estar para hacer tal cosa?

Ⓒ Cuando se da cuenta de lo que está sucediendo, ¿por qué, en un principio, permanece impasible, llorando?

Ⓓ ¿Qué simboliza la flor (de plástico) marchita?

Ⓔ ¿Qué hace con el cigarrillo encendido?

Ⓕ ¿Dónde encuentra una manguera?

Ⓖ ¿Qué hace Pepa con algunas alfombras quemadas, etcétera?

5. La búsqueda

Puesto que Iván no la llama, Pepa va a buscarlo.

la búsqueda	*search*
la guía callejera	*phone book listed by addresses, rather than names*
por mí...	*I don't care . . .*

Ⓐ ¿Para quién deja una nota? ¿Quién la encuentra?

Ⓑ ¿Adónde va Lucía?

Ⓒ Describa el «Mambo taxi» y al taxista.

Ⓓ ¿Qué información obtiene Pepa tras seguir el coche de Lucía?

Ⓔ Una vez en casa, ¿a qué o a quién espera Pepa?

Ⓕ ¿Qué información consigue Pepa por medio de la guía callejera? Explique cómo funciona esta guía de teléfonos.

6. El anuncio de «Ecce Omo»

Vemos a Pepa en la televisión en un anuncio de un detergente, Ecce Omo.

el asesino	*murderer*
la ropa que es una pena	*clothes that are really a mess*
ni rastro de sangre ni de vísceras	*not a trace of blood nor guts*
parece mentira	*it seems incredible*
qué hermosura	*sparkling clean*

A ¿Qué significado tiene este anuncio en el contexto de la película?

B ¿A quién representa Pepa en el anuncio?

C ¿Qué buscan los detectives? ¿Por qué se sienten decepcionados?

D ¿Cuál es el slogan para el detergente? ¿Por qué es esto irónico?

E Explique por qué es este anuncio una parodia de los anuncios televisivos de productos de consumo.

7. El telediario

Mientras una señora mayor lee las noticias, vemos a una joven preocupada.

las fuentes policíacas	*police sources*
el grupo armado	*armed group*
el portavoz	*spokesperson*
el telediario	*news program*
por cuenta propia	*on its own*
sin la menor vinculación	*without any connection*

A ¿Cuál es la noticia principal de la tarde?

B ¿Quién ha sido capturado?

C ¿Por qué reacciona la joven mujer de esa forma?

D ¿Adónde va? ¿Por qué?

E Pepa deja un mensaje grabado para que lo oigan todos los que la llamen. ¿Por qué?

F ¿Quién llama a Pepa, desesperada?

8. Vigilando la casa de Iván

Pepa usa otros medios para encontrar a Iván.

el banco	*bench*
la cabina telefónica	*phone booth*
deshacerse de	*to dispose of*
echar una ojeada	*to take a look; to snoop around*
que no te merece	*who doesn't deserve you*
¡Que pesada, por Dios!	*What a nuisance! God!*

A ¿Adónde va Pepa a echar una ojeada? ¿A quién espera ver?

B ¿Qué es lo que ve mientras espera?

C ¿A quién reconoce en el balcón de uno de los pisos?

D Pepa va a la cabina telefónica para hacer una llamada. ¿A quién llama?

E ¿Qué ocurre mientras está en la cabina?

F ¿Qué es lo que descubre? ¿Por qué se están deshaciendo de esas cosas?

G ¿Quién es la mujer que esperaba en el coche?

H ¿Qué encuentra el empleado de la basura cuando vacía el recipiente situado enfrente del edificio de pisos?

9. La casualidad

Después de una noche difícil, Candela aparece a la puerta.

la casualidad	*coincidencia*
el piso	*apartment (flat)*

alquilar	*to rent*
llamar a averías	*to call the phone repairman*
tirar (algo)	*to throw (something)*
cuesta un ojo de la cara	**es carísimo**
estamos buenas	*our lives are a mess*
estoy muy sensible	*I feel very sensitive*

Ⓐ ¿Qué es lo primero que hace Pepa cuando llega a casa?

Ⓑ Cuando no encuentra ningún mensaje de Iván, ¿qué hace?

Ⓒ ¿Quién viene a la puerta?

Ⓓ ¿Qué hace Pepa cuando recuerda que su teléfono no funciona?

Ⓔ ¿Quién llama a la puerta mientras Pepa está ausente? ¿Quiénes cree Candela que son?

Ⓕ ¿Qué quieren? ¿Por qué es una coincidencia?

Ⓖ ¿Cómo es Marisa, la novia de Carlos?

Ⓗ ¿De quién es la foto que encuentran junto a la cama de Pepa?

10. El hijo del ex amante

Pepa regresa y encuentra en su casa al hijo de su ex amante: un descubrimiento importante.

un fresco / una fresca (aplicado a una persona)	*cheeky*
las herramientas	*tools*
un malentendido	*misunderstanding*
las reparaciones	*repairs*
un reproche	*criticism*
una terraza	*big balcony; terrace*
un tío (*slang*)	*a guy*
engañar (a una persona)	*to cheat (on someone)*
tirarse	*to jump off*

Ⓐ ¿Cómo trata Pepa a Carlos desde un principio? ¿Por qué?

Ⓑ ¿Prefiere que él la trate de tú o de Ud.?

Ⓒ ¿Por qué motivo cree Pepa que Carlos ha venido a su casa?

Ⓓ ¿Cómo se presenta Pepa a Marisa?

Ⓔ ¿Qué le pide Pepa que haga a Carlos?

Ⓕ ¿Qué descubre Pepa mientras habla con Carlos? ¿Qué queja tiene ella de Iván?

Ⓖ Durante esta conversación, ¿qué es lo que Candela quiere de Pepa? ¿Qué trata de hacer?

11. Candela cuenta su historia

Mientras Candela cuenta la historia de sus amigos chiítas, Marisa husmea la cocina.

el calmante	*tranquilizer*
la carne de gallina	*goosebumps*
la papeleta	*mess*
el susto	*fright*
follar (*vulg.*)	*to screw (someone)*
detenido/a	*arrested*
dopado/a	*spiked*
de pronto/a	*suddenly*

Ⓐ ¿Nota Ud. algo distinto en el acento de Candela? ¿Hay algo que no pronuncia?

Ⓑ ¿Con cuántos terroristas llegó a vivir?

Ⓒ ¿Quién se duerme en medio de la conversación? ¿Por qué?

Ⓓ ¿Da Pepa alguna explicación sobre el problema del gazpacho?

Ⓔ Según Pepa, ¿con qué estaba dopado el gazpacho?

12. A hablar con la abogada

Pepa consulta con una abogada feminista.

la bofetada	*slap*
el delito	**crimen**
la hija de perra (*vulg.*)	*bitch*
la portera	*concierge*
estar cagada (*vulg.*)	*to be scared* (*shitless*)
estar en apuros	*to be in trouble*
¿Cómo se atreve...?	*How dare you . . . ?*

Ⓐ Cuando Pepa sale a la calle, ¿qué taxi encuentra?

Ⓑ Pepa llora en el taxi. ¿Qué hace el taxista?

Ⓒ Mientras tanto, ¿qué sabe Candela de los planes de los chiítas?

Ⓓ ¿Cómo quiere solucionar el problema Carlos?

Ⓔ ¿Por qué le dicen a Pepa que no puede ver a la abogada?

Ⓕ ¿Qué ve en la oficina de la abogada?

Ⓖ ¿Cómo la trata la abogada?

Ⓗ ¿Cómo acaban Pepa y la abogada?

13. Escenas en la casa

Pepa vuelve a casa; la situación sigue siendo confusa.

aprovecharse de mí	*to take advantage of me*
estar en las nubes	*to be confused*
meter preso/a	*to imprison*
inesperadamente	*unexpectedly*
¡Hostias! (*vulg.*)	*Bloody hell!, Damn it!*
¿Os pasa algo?	*Is anything wrong?*

Ⓐ Pepa llega a casa. ¿Qué ha ocurrido en su ausencia?

Ⓑ ¿Qué pasó con la maleta?

Ⓒ ¿Qué está haciendo Candela? ¿Y Marisa?

Ⓓ ¿Qué descubre Carlos acerca de Pepa?

Ⓔ ¿Qué le sugiere Pepa a Candela que hagan las dos?

Ⓕ ¿Les habla Pepa a sus plantas? ¿Qué les dice?

Ⓖ ¿Quién llama inesperadamente? ¿Qué quiere?

14. La maleta

La maleta de Iván sube y baja.

cachondearse (*vulg.*)	**burlarse**
¡Me cago en la puta madre! (*vulg.*)	*Son of a bitch!*

A Según Carlos, ¿cómo era el ambiente de su casa durante los años de su niñez y adolescencia?

B ¿A quién había representado antes Paulina, la abogada que consulta Pepa?

C ¿Qué va a hacer Pepa con la maleta?

D Entretanto, ¿qué interés tiene Carlos en Candela?

E ¿Quién llega abajo por la maleta?

F ¿Qué le dice la portera a Iván sobre Pepa? ¿Por qué no puede mentir la mujer?

G ¿Quién está abajo esperando en el coche cuando llega Pepa? ¿Qué hace?

H ¿Quién más aparece afuera del edificio de Pepa?

I ¿Qué mensaje deja Iván para Pepa en la contestadora?

J Cuando Pepa escucha el mensaje, ¿qué hace?

15. Complicaciones

Empiezan a llegar las visitas.

el ascensor	*elevator*
el técnico de averías	*telephone repairman*
la tortícolis	*stiff neck*
el traidor / la traidora	*traitor*
las vicisitudes	**problemas**
arrancar	*to rip out (something)*
estar liado/a (con alguien)	**tener relaciones íntimas**
secuestrar	*hijack*
atando cabos	*figuring it out*
como un tronco	*like a log*
le han echado algo	*they spiked it*
rompimos	*we broke up*
se gustan	*they like each other*

A Mientras tanto, ¿quiénes llegan a la puerta (en grupos separados)?

B ¿Cómo reacciona Candela?

C ¿Sobre qué quiere interrogar la policía a Pepa?

D ¿Qué coartada tiene ella?

E ¿Qué bebida les ofrece a todos?

F ¿Es verdad todo lo que Pepa le dice a la policía?

G ¿Quién más llega a la puerta?

H ¿Qué pretende saber sobre los terroristas Pepa?

I De repente, ¿qué información importante llega a comprender Pepa mientras está «atando cabos»?

J ¿Qué información adicional ofrece el inspector de la policía respecto al vuelo nocturno a Estocolmo?

K ¿Da Pepa una receta exacta del gazpacho?

16. Al aeropuerto

Un viaje apresurado al aeropuerto.

las gotas para los ojos	*eyedrops*
la intuición	*hint*
la reliquia	*relic*

el sanatorio	*mental hospital*
aclararse los ojos	*to rinse out one's eyes*
apuntarme	*to aim (point) at me*
desafiarse	*to challenge*
fingir	*to fake*
impedir	*to prevent*
apresurado/a	*rushed*

A Lucía agarra de pronto los revólveres de los dos policías y los apunta hacia Pepa. ¿Cuál es la implicación de la respuesta de Pepa: «¿Coleccionas armas?»

B De acuerdo con lo que dice Lucía, ¿está curada de los problemas mentales causados por su esposo?

C ¿Qué piensa hacer con las pistolas?

D ¿A qué escenas clásicas de la literatura alude la escena en que las dos mujeres hacen un desafío para ver quién es la primera en beber el gazpacho?

E Lucía se escapa... ¿En un taxi? ¿Adónde va?

F ¿Qué taxi encuentra Pepa? ¿Quién la acompaña? ¿Por qué?

G ¿Qué hace Lucía mientras va hacia el aeropuerto?

H ¿Quién le impide a Lucía que le dispare a Iván?

I ¿Cómo se despide Pepa de Iván?

17. De vuelta a casa

Pepa vuelve a casa después del lío en el aeropuerto.

la asistenta	*cleaning woman; maid*
los cristales	*broken glass*
el cumplido	*compliment*
el de averías	*the phone repairman*
el lío	*mess*

A ¿Quién es la única persona despierta cuando Pepa llega a casa? ¿Por qué?

B ¿Qué comentario hace Pepa sobre el técnico de averías?

C ¿De qué hablan Marisa y Pepa?

D ¿Qué decisión ha tomado Pepa en cuanto a su piso?

E ¿Qué cumplido le hace Pepa a Marisa?

F ¿Qué ha soñado Marisa?

Interpretación

1. Según Carlos, ¿por qué lo odia su madre?

2. ¿Por qué le cae tan bien[20] Candela a Carlos?

3. El personaje de Lucía es posiblemente el más absurdo de la película. No obstante, contiene una fuerte dosis de tragedia, mala suerte y fracaso.[21] ¿Es este personaje más farsa que tragedia o vice versa?

---

[20]le... *does he like her so much*
[21]*failure*

4. Tras haber tratado de ponerse en contacto con Iván tantas veces, Pepa ha llegado a la conclusión de que no quiere hablar con él nunca más. ¿Qué le dice como explicación?

5. Pepa está hablando con Ana, la mujer que vive en el mismo edificio que ella: «Es mucho más fácil comprender la mecánica que la psicología masculina.» ¿Por qué le dice eso?

6. ¿Hay algún instante en la película en que una simple receta tenga la misma importancia que las de *Como agua para chocolate* (Capítulo 8)?

7. ¿Existe cierta conexión en el cine o en general entre lo cómico e irreverente, por una parte, y lo violento y erótico por otra?

8. Posiblemente haya notado en la película la música de *Scherezade* (del ruso Rimski-Korsakov, 1888), basada en algunos cuentos de *Las mil y una noches*. Dado que se trata de una mujer (Scherezade), la que cuenta las fábulas en un ambiente lujoso y sensual, ¿qué mensaje nos manda Almodóvar con respecto al argumento de su película?

9. ¿Cuál puede ser el mensaje de una película tan complicada?

Actividades

1. ¿Quiénes y cómo son?

Trabajando en parejas o en grupos pequeños, traten de identificar a estos personajes, dando una breve descripción en español.

1. Pepa _____

2. Iván _____

3. Carlos _____

4. Lucía _____

5. Marisa _____

6. Candela _____

7. Paulina Morales _____

8. el taxista _____

9. Germán _____

10. la portera _____

2. ¿Quién lo dice?

Trabajando en parejas o en grupos pequeños, traten de identificar a los personajes que dicen lo siguiente, y a quién(es) se lo dicen, en la película *Mujeres al borde de un ataque de nervios*.

_____ 1. Le encanta el gazpacho.

_____ 2. Estoy harta de ser buena.

_____ 3. Es mucho más fácil comprender la mecánica que la psicología masculina.

_____ 4. De tu padre, que no te merece.

_____ 5. Son las cinco de la mañana y todavía no estás.

_____ 6. ¿A quién se le ocurre regalar un pato?

_____ 7. Ahora ya es tarde. Como ya estás fuera de peligro, me voy. Adiós.

_____ 8. ¡Qué pesada estás hoy! ¿no?

_____ 9. ¿Iván? Se va con tu madre de viaje.

_____ 10. Tengo que llamar a la policía. Para que no me reconozcan, hablaré muy de prisa.

3. Debate: ¿Comedia o no?

Como ya se ha indicado, muchos de los aspectos de esta película son a la vez cómicos y trágicos o por lo menos realistas, como a menudo es el caso en la obra de Almodóvar. Lucía, por ejemplo, es una persona totalmente absurda y también una fracasada sin remedio. Se podría decir que *Mujeres* no es una «comedia» en absoluto, sino una complicada y frecuentemente caótica visión de la vida. Hay muchas escenas que aparentan ser realistas, hasta cierto punto. Otras nos parecen humorísticas hasta que recibimos un golpe de realismo.

Proposición: Que la película es más que una comedia; es una representación realista de la vida: sus problemas, sus complicaciones y sus irrelevantes —o quizá no tan irrelevantes— tragedias, todo ello presentado dentro de un marco ingenioso e irónico.

Si quieren, pueden escoger otro tema apropiado para el debate,* con tal de que sea controvertible.

---

* Para recordar cómo se organiza un debate, vea en la sección *Avance, El debate.*

La amistad y la familia

La diferencia entre el amor y la amistad tal vez no se trate tanto del grado de intensidad de las relaciones como de las circunstancias bajo las cuales se les permite prosperar.

- Diego, en *Fresa y chocolate*, nos da una lección sobre la amistad entre dos personas que, a pesar de tener entre sí grandes diferencias culturales y políticas, además de distintas preferencias sexuales, llegan a comprenderse y a apreciarse mutuamente.

- El maestro Escalante, en *Con ganas de triunfar*, representa un tipo de amistad desinteresado: una dedicación total hacia los que necesitan ayuda de alguien que se la puede proporcionar.

- Don Rodrigo, en *El abuelo*, debe escoger entre el poco honor que le queda y su profundo amor por sus nietas; finalmente, su amistad con un infeliz maestro de avanzada edad le ayuda a comprender cuál es más importante.

✺ **Fresa y chocolate**

✺ **Con ganas de triunfar**

✺ **El abuelo**

11

Fresa y chocolate

Tomás Gutiérrez Alea y Juan Carlos Tabío, 1993

I Antes de ver la película

«Sabía que era homosexual», le dice David a su compañero de cuarto en *Fresa y chocolate*, «porque había chocolate y tomó fresa», asociando así, como veremos después, la escasez[1] de ciertos productos (tales como el helado) con una actitud general hacia la orientación sexual, incluso en relación con la comida: helado de fresa es algo que no comen los hombres.

Es sorprendente que *Fresa y chocolate* no fuera víctima de la censura cubana. Una coproducción entre Cuba, México y España, esta película se rodó en los tres países. Aunque no se opone abiertamente a la revolución de Castro, lo que habría impedido su realización, sí pone en cuestión, indirectamente, muchas de las actitudes existentes. Es, en resumen, un llamamiento al pueblo cubano a expandir su propia libertad, es decir, a adoptar una actitud más abierta respecto a la religión, la literatura no asequible,[2] el arte y la sexualidad.

Este filme trata de temas serios que van más allá de los manerismos estereotípicos o personajes excéntricos. Su argumento no se basa ni en la homosexualidad ni en el comunismo, sino en la intolerancia. Se enfoca en el individuo, en las verdaderas personas tras las categorías. El revolucionario David (Vladimir Cruz) resulta ser un joven compasivo y humanitario en comparación con su unidimensional compañero de cuarto, Manuel. Diego (Jorge Perugorría) se nos presenta, intencionadamente, como el homosexual estereotípico, a fin de que logremos aceptarlo a pesar de sus manerismos; más importante aún, es un ser humano inteligente, culto y sofisticado.

Fresa y chocolate fue dirigida por Tomás Gutiérrez Alea y Juan Carlos Tabío. Senel Paz hizo el guión, una adaptación del cuento «El lobo, el bosque

Directores cubanos Tomás Gutiérrez Alea (1928–1996) y Juan Carlos Tabío (1943–)

---

[1] *shortage*
[2] *accessible*

y el hombre nuevo». Gutiérrez Alea, que murió en 1996 a la edad de 68 años, era el mejor cineasta que tenía Cuba y, en muchos sentidos, el más controvertible. Tal vez debido al hecho de ser cofundador del Instituto Cubano de Arte e Industria Cinematográficos (ICAIC), pudo conseguir la suficiente influencia y respeto para que se le permitiera hacer —y presentar— películas que, en grados diversos, critican al gobierno revolucionario. *Fresa y chocolate* fue nominada para el Oscar a la mejor película extranjera de 1995.

Otras películas de Gutiérrez Alea: *Guantanamera* (1994); *Cartas del parque* (1988); *Memorias del subdesarrollo* (1986); *La muerte de un burócrata* (1966).

El ambiente cultural

La película tiene lugar en La Habana de 1979, en lugar de la de 1993, año en que se rodó *Fresa y Chocolate*. El año 1979 representa el final de un período histórico en Cuba, la época de mayor represión e intolerancia hacia la comunidad homosexual. El filme sólo hace referencias pasajeras[3] a la represión de Castro contra este grupo. Por ejemplo, se mencionan los campamentos de la UMAP de 1966 a 1968, cuando un gran número de homosexuales fue encarcelado junto con disidentes y minorías religiosas, pero no se habla de la prohibición de 1971 del Congreso Cultural contra los homosexuales ni de los ataques de la Juventud Comunista, que más tarde llevó a muchos homosexuales a unirse al éxodo de Mariel, en 1980.

La salida por barco (medio por el que llegaron a los Estados Unidos miles de cubanos, víctimas de la represión), deja por resolver la mayor parte de los problemas sociales de la revolución, criticados en la película. La intolerancia, el mercado negro, el denegar trabajo a los homosexuales, la falta de libertad de expresión a los artistas y la vigilancia revolucionaria, continúan siendo problemas tan graves hoy en día como lo eran en 1979. De hecho, el mercado negro es tan prevaleciente, y se ha generalizado de tal forma, que prácticamente todos los cubanos dependen de él, de una forma u otra, para sobrevivir. La vigilancia revolucionaria ha existido siempre (uno de los personajes de la película es conocido con el nombre de «La Vigilancia»). Es un fenómeno que se intensifica durante períodos críticos y que es menos opresivo en otros. En ciertas instancias, ha contribuido a reducir las actividades del pueblo hasta hacerle la vida casi imposible. La mejor forma de combatir este problema, según Gutiérrez Alea, es saber que se trata de una aberración y tratarlo con sentido del humor —que es precisamente lo que nos muestra la película.

Nota lingüística: En el español cubano, la [s] tiende a ser aspirada, cuando aparece en medio o al final de una palabra. Es decir, *mis padres* puede ser pronunciado [mi^hpadre^h]. Para los que no hablan este dialecto, la aspiración (un suave respiro) es difícil de detectar: *la amistad* puede confundirse con *la mitad*.

La trama

David es un estudiante universitario que acaba de atravesar por un mal momento con su novia. Tras ir a un hotel barato a hacer el amor por primera vez, ella le dice que no comprende cómo la ha llevado a un sitio semejante si es

---

[3] *passing*

cierto que la ama. David comprende y se van sin consumar el acto. La próxima vez que los vemos es el día en que ella contrae matrimonio con otro hombre.

Ese mismo día, en la heladería[4] del parque, Diego se sienta a la mesa de David y comienza a comer helado de fresa. Está claro que Diego es homosexual y que no trata de disimular su interés por el varonil[5] y serio David. Poco después inventa un pretexto para invitar al joven a su piso a tomar café, donde provoca una escena falsa vertiendo el café sobre la camisa de David. Diego insiste en que se quite la camisa para que se la pueda lavar y...

Hasta este momento, *Fresa y chocolate* parece ser una comedia de seducción. Sin embargo, no es una comedia y el tema principal no es la sexualidad, sino el contribuir a que otros abran su mente y acepten nuevas ideas sobre política, arte y cultura, así como a la gente que los rodea,[6] incluidos los homosexuales. En breve, el tema es la tolerancia.

Con la ayuda de Diego, David aprende mucho sobre la cultura cubana: su arquitectura (las mansiones derruidas), su música (Ignacio Cervantes), sus novelistas (Lezama). Un buen comunista no sabría nada de estos temas. En todo caso, la lección más importante que recibe es la de llegar a conocer al verdadero Diego. David empieza a verlo como es: una persona real, con esperanzas, aspiraciones, frustraciones e ilusiones imposibles sobre la revolución. finalmente, termina por admirarlo por lo que es —un amigo leal.

En la escena final, Diego y David están juntos otra vez en la heladería donde todo comenzó. Esta vez, vemos a un David relajado y juguetón.[7] Diego empieza a enumerar las buenas cualidades de su amigo, pero añade que el único defecto que tiene es que no es homosexual. David le responde sonriendo: «Nadie es perfecto.*»

Para pensar

Las siguientes preguntas se basan en observaciones relacionadas con la primera parte de la película, para ayudarle a penetrar en la obra y a comprender el carácter de los personajes que va a ver. Dado que las respuestas van a ser en su mayor parte subjetivas, se recomienda que las comente con sus compañeros.

1. En la película, Diego le da a David una copia de la novela prohibida en Cuba *Conversaciones en la catedral*, de Mario Vargas Llosa. Trate de averiguar por qué es ésta una novela prohibida bajo un gobierno izquierdista.

2. Cuba se encuentra a una distancia de sólo noventa millas de los Estados Unidos. ¿Por qué ha sido la causa de tanta irritación durante todos estos años?

3. En la película, Ud. podrá observar varios modelos de coches viejos, especialmente coches estadounidenses de la década de los cincuenta. ¿Por qué siguen usándolos?

---

[4] *ice-cream parlor*
[5] *maculine (straight)*
[6] los... *around them*
[7] *playful*

* Gutiérrez Alea nos aclara que ésta es una referencia intencional a una escena paralela de *Some Like it Hot.* Jack Lemmon: «Pero yo no soy una mujer.» Joe E. Brown: «Nadie es perfecto.»

4. Los estadounidenses se quejan a veces de que su propio gobierno es «represivo», que limita la libertad, derrocha[8] el dinero que recauda[9] de los impuestos, etcétera. ¿Se trata del mismo tipo de represión que uno siente cuando vive bajo una dictadura como la de Castro? ¿En qué se diferencia?

5. David nos ofrece su propia teoría del origen de la orientación sexual del individuo. ¿Cuál es la teoría actual, basada en las investigaciones? ¿Cuál es la teoría opuesta?

Predicción

Basándose en lo que sabe hasta este punto por medio de la información que se le ha dado y por sus propias deducciones, escriba una breve predicción respecto al desenlace de esta historia. Tras haber visto la película, compare su predicción, y las de sus compañeros, para ver si coinciden con el final verdadero.

_____

_____

_____

_____

_____

_____

_____

 II Después de ver la película

Las escenas

Las siguientes preguntas sobre las escenas van acompañadas de vocabulario que aparece por varias razones. Las palabras pueden extraerse del diálogo hablado o de elementos visuales clave de la escena. Se dan aquí porque necesitan ser traducidas o porque pueden servir de recordatorio sobre lo que está ocurriendo, para ayudarle a comentar la escena en sí.

1. Un cuarto barato

David y Vivián, una pareja de novios, estudiantes, tienen su primera experiencia íntima.

el hotel de cinco estrellas	*five-star hotel*
el hueco	*hole*
el interruptor de la luz	*light switch*
apagar la luz	*to turn off the light*

---

[8] *wastes*
[9] *collects*

A ¿Qué tipo de ambiente nos sugiere la habitación del hotel?

B Vivián: «Parece que vamos a hacer algo malo.» ¿A qué se refiere?

C ¿Se sienten cómodos en esta situación?

D ¿Qué pretexto usa David para quitarse la camisa?

E ¿Qué dice Vivián antes de quitarse la blusa?

F ¿Qué hace la muchacha cuando ya está en la cama?

G Según ella, ¿adónde le había prometido llevarla David?

H ¿Qué le promete ahora?

2. La boda de Vivián

Vivián se casa, pero no con David.

la juez	*judge*
el novio	*groom*
el vestido de boda	*wedding dress*
los votos	*vows*
firmar	*to sign*

A ¿Cómo va vestida Vivián?

B ¿Quién es el novio? ¿Es joven?

C ¿Se casan en una iglesia? ¿Por qué no?

D ¿Quién es, probablemente, la persona que oficia la ceremonia?

E ¿Está presente David?

F ¿Qué hace David después? ¿Cómo se siente?

3. David conoce a Diego

David se sienta en la terraza de un café.

el carnet de identidad	*ID card*
el helado	*ice cream*
La Juventud	**La Liga de la Juventud (revolucionaria)**
(Mario) Vargas Llosa	**escritor peruano**
No soy yo.	*It's not me.*

A ¿Por qué se sienta Diego a la mesa de David?

B ¿Qué es «lo único bueno que hacen en este país»?

C ¿Qué tipo de helado come Diego? ¿Qué simboliza esto?

D ¿Qué libros saca Diego de su cartera? ¿Por qué?

E ¿Qué tarjeta le enseña David a Diego? ¿Por qué?

F ¿Cuál es el pretexto que usa Diego para que David vaya a su casa?

G Según Diego, ¿quién estará en su casa?

H ¿Por qué acepta la invitación David?

4. La casa de Diego

Llegan al piso de Diego.

la cebolla	*onion*
la guagua (el Caribe y las Islas Canarias)	**el autobús**
la guarida	*hideout*

hacer cola   *to stand in line*

ni rastro de la mancha   *not a trace of stain*

Ⓐ ¿Qué vemos en la escalera del edificio de pisos?

Ⓑ ¿Quién es «La Vigilancia»? ¿Por qué la evitan?

Ⓒ ¿Cómo explica Diego el porqué de la ausencia de su familia?

Ⓓ ¿A qué poetas menciona?

Ⓔ A Diego se le cae el café. ¿Es un accidente?

Ⓕ ¿Consigue quitar la mancha?

Ⓖ ¿Le gusta el té a David?

Ⓗ ¿Quién menciona por primera vez el tema de la homosexualidad?

Ⓘ ¿Qué cita Diego de un libro marxista?

Ⓙ Diego: «Lo mejor es probar de todas las copas.» ¿Qué quiere decir?

Ⓚ ¿Por qué se enoja David?

Ⓛ ¿Le da Diego las fotos a David? Y, ¿el libro?

5. El compañero de cuarto

David le cuenta su experiencia a Manuel.

el maricón (*vulg.*)   *homosexual*

el tipo   *guy*

Ⓐ David dice que ya sabía que Diego era homosexual. ¿Qué razones da?

Ⓑ ¿Qué comió Diego que le pareció extraño a David?

Ⓒ ¿Cómo justifica David el hecho de haber aceptado ir a casa de Diego?

Ⓓ Según David, ¿qué vio allí?

Ⓔ ¿Qué opinión tiene David de la colección de arte de Diego?

Ⓕ ¿En qué contexto se hace referencia a una embajada?

Ⓖ ¿Cómo reacciona Manuel?

6. Encuentro con Vivián

David se encuentra con Vivián.

no me tengas lástima   *don't feel sorry for me*

no tengas lástima de ti mismo   *don't feel sorry for yourself*

tu amante   *your lover*

Ⓐ Según David, ¿qué busca todo el mundo?

Ⓑ ¿Incluye a Vivián en ese grupo?

Ⓒ Cuando ve a Vivián en la ciudad universitaria, ¿cómo reacciona David?

Ⓓ ¿Es un encuentro fortuito?

Ⓔ ¿Qué quiere Vivián en la vida? ¿Cuándo lo quiere?

Ⓕ ¿Siguen enamorados el uno del otro, Vivián y David?

Ⓖ ¿Adónde se va Vivián? ¿Por cuánto tiempo?

Ⓗ ¿Qué había pensado hacer antes de irse?

Ⓘ ¿Cómo reacciona David?

7. La misión

Manuel quiere seguir el caso del «maricón».

averiguar   *to look into it*

ⓐ Manuel piensa que es un caso importante. ¿Qué opina David?

ⓑ ¿En qué sentido es una «misión»?

ⓒ ¿Qué quiere Manuel que haga David? ¿Por qué?

ⓓ ¿Cuál es el pretexto de David para volver a casa de Diego?

8. David vuelve adonde Diego

Siguiendo las instrucciones de Manuel, David va a visitar a Diego.

la amistad	*friendship*
el brindis	**acción de brindar** *(to toast)*
chin-chin	*cheers*
me puse pesado	*I got difficult*
no me dejan en paz	*they don't leave me alone*
no te abochornes	*don't be embarrassed*

ⓐ ¿Cómo reacciona Diego cuando ve llegar a David?

ⓑ ¿Cuál es el significado de «la butaca de John Donne»?

ⓒ ¿Por qué dice Diego: «Nadie lo sabe todo»?

ⓓ ¿Por qué se disculpa Diego? Y ¿David?

ⓔ ¿Cuál es «la bebida del enemigo»? ¿Está acostumbrado David a esa bebida?

ⓕ ¿Qué tipo de «evidencia» obtiene David para la misión de Manuel?

ⓖ ¿Qué quiere decir Diego cuando pregunta: «¿No te quedará algún efecto ideológico?»

ⓗ ¿Posee David un amplio conocimiento cultural general?

ⓘ ¿Qué clase de problemas ha tenido Diego con el sistema?

ⓙ ¿Da la impresión Diego de ser revolucionario?

ⓚ ¿Qué dos favores le pide David a Diego?

ⓛ ¿Cómo se siente David tras beber dos vasos de whisky?

9. Después

Los efectos del whisky y los comentarios de Manuel

el buen bicho (*coll.*)	**listo/a**
la pista	*clue*
el veneno puro	*pure poison*
agarrarlo	*get him*
suministrar	*to supply*
creyente	*religious*

ⓐ ¿Por qué piensa Manuel que Diego debe tener ciertas conexiones?

ⓑ ¿Qué le sugiere el whisky?

ⓒ ¿A qué se refiere Manuel cuando dice que es veneno puro?

10. Nancy, la vecina

David conoce a Nancy cuando ésta intenta suicidarse.

el marido	**el esposo**
montar	*to get in*
agradecido/a	*grateful*

| aguanta, aguanta | **espera, espera** |
| apártense | *move back* |

La ambulancia y el hospital

Ⓐ ¿Cómo reacciona la gente que está en la calle cuando llega la ambulancia?

Ⓑ ¿Por qué dice Diego que él es el esposo de Nancy y que David es hermano de ella?

Ⓒ ¿Cómo consigue ayudar David?

Ⓓ ¿Qué dice Diego que va a hacer para David cuando lleguen al piso?

En casa de Diego

Ⓔ ¿Qué tipo de relaciones existen entre Diego y Nancy?

Ⓕ ¿Cuál es el problema de Nancy?

Ⓖ ¿Quién o qué es «Roco»?

Ⓗ ¿Qué materia está estudiando David? ¿Por qué?

11. Diego frente al sistema

Diego habla con Nancy de los problemas que él tiene con la burocracia.

las canciones infantiles	children's songs
callado/a	**silencioso/a**
no la cojas conmigo	*don't take it out on me*

Ⓐ La exposición de arte ha sido prohibida. ¿Por qué?

Ⓑ Diego critica al gobierno socialista al hablar con Nancy. ¿Cómo reacciona ella?

Ⓒ ¿Cuál es la ironía de esta crítica?

Ⓓ Diego: «El arte no es para transmitir... ¡Que transmita la radio nacional!» ¿Qué quiere decir?

Ⓔ Según Manuel, la exposición de arte se podría considerar como el equivalente de distribuir propaganda política. ¿Cuál sería el castigo?

Ⓕ ¿Qué opina David sobre este castigo?

12. La ideología

David toma café en casa de Diego.

hablar con la boca llena	*talk with your mouth full*
cara de sapo	*toad face*
el macho	**hombre (abstracto)**
plantear	*raise (a problem)*

Ⓐ David charla con Nancy. ¿Qué explicación le da ella del «accidente»?

Ⓑ David le pregunta a Diego por qué es «así». ¿Qué le contesta éste?

Ⓒ ¿Acepta a Diego su familia?

Ⓓ ¿Cuál es la teoría de David sobre el origen de la homosexualidad?

Ⓔ David cree que Diego, a pesar de todo, es una persona decente —pero no es un revolucionario. ¿Le plantea esto un problema a David?

Ⓕ ¿Le interesa la política a Diego? ¿Por qué no continuó trabajando para la revolución?

Ⓖ ¿Qué opina Diego de los extranjeros que van a Cuba a decirles cómo deben gobernar su país?

Ⓗ Según David, ¿qué problemas causa el estilo de vida que lleva Diego?

❶ ¿Acepta Diego que lo consideren «enfermo» por ser como es?

❷ ¿Piensa Diego que también él es parte de su país?

13. El arte: frustraciones

Diego y Germán riñen sobre la exposición.

involucrar   *to involve*

Ⓐ ¿Qué podemos deducir de la disputa entre Diego y Germán acerca de las frustraciones que pasan los artistas en Cuba?

Ⓑ ¿Por qué destruye Germán sus esculturas?

Ⓒ ¿A quién le escribe una carta Diego? ¿Qué repercusiones le aporta este acto?

Ⓓ ¿Quién aparece en la ventana?

Ⓔ ¿Qué le enseña David a Diego?

Ⓕ ¿A qué otra persona le preocupa el hecho de que Diego esté involucrado respecto a la exposición?

Ⓖ ¿Duda Diego en algún momento si debe, o no debe, enviar la carta?

14. David, escritor

Diego lee la composición de David.

la consigna	*slogan*
los errores de mecanografía	*typing mistakes*
el sarampión	*measles*
reñir	*to fight*
antes de que se derrumbe	*before it collapses*

Ⓐ Según Diego, ¿es literatura la composición de David o es tan sólo una serie de consignas políticas?

Ⓑ ¿Tiene problemas más serios que algunos simples errores de mecanografía?

Ⓒ ¿Existen también errores factuales en su ensayo?

Ⓓ ¿A qué se refiere Diego cuando dice: «Las páginas parecen sarampión»?

Ⓔ Así y todo, ¿cree Diego que David tiene talento?

Ⓕ ¿Acepta Diego el papel de crítico de los ensayos de David?

Ⓖ ¿Qué dos condiciones quiere imponer David? ¿Es posible aún que Diego pueda cumplir ambas?

Ⓗ Diego incluye arte y arquitectura en sus «clases». ¿Cuál es su objetivo?

❶ Nos muestran escenas de edificios elegantes en La Habana. ¿Qué implica esto?

15. La política

Diego y David hablan de política.

el abrazo	*hug*
la esperanza	*hope*
juzgar	*to judge*

Ⓐ ¿Qué pone David en las paredes de la casa de Diego?

Ⓑ ¿De qué trata de convencer David a Diego?

Ⓒ ¿Cuál es la confusión entre Truman Capote y Harry Truman?

D Explique la referencia que se hace a «los campos UMAC.» ¿Por qué es éste un tema delicado para Diego?

E ¿Cuáles son los «fallos» de la revolución, según él?

F ¿Cuál de los dos demuestra más optimismo sobre el futuro de la revolución?

G David admite que tendrán que luchar para conseguir lo que quieren. ¿Contra quién?

H ¿Qué pide Diego?

I ¿Comprende David el sentido de esta petición?

16. La borrachera

David llega al piso de Diego disgustado por sus relaciones con Vivián.

la embajada	*embassy*
la licencia de trabajo	*work permit*
consolarse	*to console oneself*
me botaron	*they kicked me out*

A ¿Por qué va David al piso de Diego y le pide un whisky?

B ¿Qué problemas tiene Diego a causa de la carta?

C ¿Qué implicación tiene la mención de la entrevista con la embajada?

D ¿Le interesa David a Nancy?

E Diego le pide un favor a Nancy. ¿De qué se trata?

F ¿Cómo reacciona ella ante la sugerencia? ¿Qué va a hacer?

G ¿Qué hace después?

17. David y Nancy

Nancy le hace el favor a Diego.

el arroz con leche	*rice pudding*
la lancha	*ferry*
meter la pata	*to mess up*
sacarte a pasear	*to take you for a walk*
pórtense bien	*behave yourselves*

En casa de Diego

A ¿Dónde está Diego cuando Nancy llega a su casa?

B ¿Qué le dice Nancy a David cuando éste se despierta?

El paseo

C ¿Cómo pasan el día juntos?

D ¿Cómo termina el día?

La comida de Lezama

E ¿Qué regalo tiene Diego para David?

F ¿Por qué o por quién brindan?

G ¿Por qué es un problema que Nancy hable del pasaporte de Diego?

H Nancy y David beben, bailan, se besan... y suben a la habitación de Diego. ¿A quién le guiña el ojo ella mientras suben por la escalera?

I ¿Qué aspecto tiene David al día siguiente?

18. Manuel visita a Diego

Manuel va a casa de Diego.

Ⓐ David llega con flores. ¿Para quién son?
Ⓑ ¿Qué quiere Manuel que haga Diego?
Ⓒ ¿Por qué quiere Manuel hacerle esto a David?
Ⓓ La pelea. ¿Quién insulta a quién?
Ⓔ ¿Qué les llama Manuel a David y a Diego?

19. La despedida

Diego le explica a David su situación y el porqué de su marcha.

el expediente	*file*
el gorrioncito	*little sparrow*
el informe	*report, file*
el ladrillo	*brick*
el puerto	*harbor*
hacer daño	*to hurt*
perjudicar	*to harm*
descarado/a	*cheeky*
sabroso/a	*delicious*

En la calle, frente a la casa de Diego

Ⓐ David ve a Diego saliendo de un coche elegante. ¿Comprende la situación?
Ⓑ ¿Por qué está enojado David acerca del carro diplomático?
Ⓒ ¿Por qué se marcha Diego? ¿Porque quiere o porque no le queda otro remedio?
Ⓓ ¿Qué hay en el expediente de Diego que lo obliga a irse?

Vista del puerto

Ⓔ Van a ver el puerto. ¿Por qué dice Diego que ésta será la última vez que lo verá?
Ⓕ ¿Le habla David a Diego sobre su primera experiencia con una mujer? ¿Qué le dice?

La heladería

Ⓖ Nos encontramos otra vez en la heladería. ¿Qué sabores de helado tienen?
Ⓗ David le toma el pelo a Diego. ¿Qué hace?

En casa de Diego

Ⓘ ¿Qué le confiesa Diego a David?
Ⓙ Diego dice: «Yo te quiero mucho, David. ¿Qué voy a hacer?» ¿Qué quiere decir al preguntarle: «¿Qué voy a hacer?»
Ⓚ Al final, se abrazan. En ese momento, ¿qué significado tiene el abrazo?

Interpretación

1. ¿Por qué nos enseñan al principio la escena entre David y su novia? ¿Qué promesa le hace David? ¿Con quién se casa ella después?

2. ¿Cuál es el simbolismo del helado de fresa y el de chocolate? «Lo único bueno que hacen en este país.»

3. David le dice a Manuel que la escultura que tiene Diego en su apartamento es «probablemente religiosa». ¿Por qué no le resulta obvio a David que esas obras son religiosas?

4. Tanto Diego como Nancy les hablan constantemente a las figuras de santos que tienen en la pared o sobre la mesa. ¿A qué se debe esta necesidad de poner altares con figurillas de santos y velas en su casa?

5. La exposición habría sido considerada como propaganda ideológica, algo especialmente grave si existe influencia extranjera. ¿Por qué?

6. ¿Por qué vuelve David al apartamento de Diego si no tienen nada en común?

7. Cuando David se encuentra con su antigua novia (dos veces), ¿qué quiere ella?

8. ¿Qué significado tiene la comida de Lezama?

9. Nancy le hace un «favor» a Diego. ¿Lo hace sólo como favor o también porque ella lo desea? ¿Qué efecto tiene esta acción sobre Nancy y sobre David?

10. Dice Diego que tiene «problemas con el sistema». ¿A qué se refiere? ¿Qué evidencia de la represión en Cuba bajo Castro se presenta?

11. ¿Qué significado tiene para Diego el abrazo de David en la última escena?

12. ¿Qué efecto tienen en la vida de los personajes las condiciones en que se encuentra la ciudad de La Habana y la evidencia de la gloria de tiempos pasados?

13. El personaje más importante de esta historia es alguien que vive marginado en su propio país y, finalmente, exiliado. ¿Cuál es la posible moraleja?

14. *Fresa y chocolate* fue filmada en Cuba en 1993 con actores cubanos, dirigida por los directores cubanos Tomás Gutiérrez Alea y Juan Carlos Tabío. En su opinión, ¿cuál es el mensaje de los directores sobre su país natal[10]?

Actividades

1. ¿Quiénes y cómo son?

Trabajando en parejas o en grupos pequeños, traten de identificar a estos personajes, dando una breve descripción en español.

1. Vivián _____

2. David _____

3. Diego _____

4. Roco _____

5. Nancy _____

6. Lezama _____

7. Germán _____

8. Manuel _____

9. «La Vigilancia» _____

---

[10] natal: *donde nacieron*

2. ¿Quién lo dice?

Trabajando en parejas, o en grupos pequeños, traten de identificar a los personajes que dicen lo siguiente, y a quién(es) se lo dicen, en la película *Fresa y chocolate*.

_____ 1. Nadie lo sabe todo.

_____ 2. El arte no es para transmitir... ¡Que transmita la radio nacional!

_____ 3. Estas páginas parecen sarampión.

_____ 4. Lo mejor es probar de todas las copas.

_____ 5. Esta es la bebida del enemigo.

_____ 6. Sabía que era homosexual porque había chocolate y tomó fresa.

_____ 7. [El helado] es lo único bueno que hacen en este país.

_____ 8. Estás sentado en el sillón de John Donne.

_____ 9. ¡Roco! ¡Mira lo que has hecho!

3. Debate: Las condiciones de vida en Cuba y el papel que juega la política de los Estados Unidos

Cuando Diego comenta sobre la escasez de helado en Cuba, hace referencia indirectamente a las sanciones que los Estados Unidos han mantenido contra Cuba durante más de cuarenta años, dejando al país en un constante estado de privación —una economía en deterioro, una infraestructura que se derrumba y un pueblo desesperado. Estas sanciones fueron impuestas en una época de ferviente sentimiento antisoviético, para evitar que el gobierno comunista de un país vecino se convirtiera en una gran potencia y amenaza. Pero en la actualidad, e incluso desde hace tiempo, es un tema que provoca gran controversia. ¿Presenta Castro una verdadera amenaza? ¿Quiénes son los que más sufren las consecuencias del embargo?

Proposición: Que las sanciones impuestas por el gobierno de los Estados Unidos contra Cuba no son necesarias y que deberían ser abolidas, permitiendo así el libre comercio entre los dos países.

Si quieren, pueden escoger otro tema apropiado para el debate,* con tal de que sea controvertible.

---

* Para recordar cómo se organiza un debate, vea en la sección *Avance, El debate*.

CAPÍTULO

12

Con ganas de triunfar

RAMÓN MENÉNDEZ, 1988

Edward James Olmos (1947–), actor
mexicoamericano

 I Antes de ver la película

La versión original de esta película, *Stand and Deliver*, se rodó[1] en los Estados Unidos para el público estadounidense. Debido a la obvia trama hispánica y al gran interés que provocó en el país entre los hablantes de la lengua española, al año siguiente se hizo otra versión con doblaje español. La mayoría de las voces fueron dobladas por los actores originales, incluida la de Edward James Olmos en el papel de Jaime Escalante. Dado que el diálogo en español parece ser más apropiado que el de la versión inglesa, por el tema que trata, se supone que esta película ha resultado ser una de las pocas en las que la versión doblada es superior a la original.

La mayor parte de los actores son mexicoamericanos. Muchos de ellos, como Olmos, crecieron en los mismos barrios del este de Los Angeles en que se desarrolla la historia. A Olmos le interesó el tema, en parte porque ofrecía la oportunidad de dar a conocer al resto del mundo lo que significa crecer en el este de Los Angeles, y también porque la verdadera historia de Jaime Escalante, quien es boliviano, es un ejemplo inspirador de cómo una persona puede cambiar el destino de jóvenes que la sociedad está dispuesta a desechar.[2] El director de la película, Ramón Menéndez, es de origen cubano.

James Edward Olmos es conocido por su participación, como personaje hispánico, en diversas películas (*Selena*, *Mi familia*, *The Ballad of Gregorio Cortez*, *Zoot Suit*), además de la serie televisiva *Miami Vice*, donde hace el papel de Lt. Castillo. Lou Diamond Phillips, que desempeña el papel de Angel, también ha interpretado el de Ritchie Valens en *La Bamba* y el de José Chávez en *Young Guns*, y ha actuado en Broadway en la obra musical *The King and I*.

hablando del tema...

¿Cuál es la diferencia entre los mexicoamericanos y los chicanos? ¿O depende de la opinión de la persona con quien se habla? (Note que el término «chicano» no se menciona en la película.)

---

[1]se... *was filmed*
[2]descartar (*to discard*)

154

Jaime Escalante (1930–) originario de Bolivia y luego maestro en Los Angeles

Películas con argumentos similares: *The Milagro Bean Field War; Lean on Me; Dangerous Minds.*

El ambiente cultural

La película nos ofrece algunas escenas de la vida de los adolescentes de la clase obrera en el este de Los Angeles, mostrándonos por qué les resulta tan difícil concentrarse en sus estudios, e incluso encontrar tiempo suficiente y un lugar donde estudiar. Una de las muchachas está estudiando en su humilde casa en el momento en que llega su madre, quien ha pasado un duro día limpiando casas; ésta le dice que apague la luz, lo que impide que su hija siga estudiando. Otros tienen que ocuparse de sus hermanos menores, lavar la ropa, hacer la compra, cocinar... Aunque Ana es una de las mejores alumnas, le dice a Escalante que va a abandonar sus estudios porque su padre quiere que continúe con el negocio del restaurante de la familia. Angel tiene un problema menos común: necesita dos copias del mismo libro de texto, una para la escuela y otra para casa, ya que sería inaceptable que sus amigos lo vieran con un libro bajo el brazo.

A pesar de sus problemas como estudiantes, pronto nos damos cuenta de que estos jóvenes no son malas personas. Vienen de casas que, aunque modestas, están limpias y ordenadas. Son familias unidas, con un fuerte sentido de la importancia de protegerse los unos a los otros. Incluso un muchacho callejero como Angel, que pasa las noches provocando a la policía, no se avergüenza de cocinar para su abuela o de llevarla a una clínica (donde su bravado[3] le ayuda a tratar con la recepcionista). La mayoría de ellos presenta un exterior duro, adquirido durante años para lograr sobrevivir en las calles y en las escuelas; tratan de convencerse de que esta forma de actuar demuestra seguridad en sí mismos —poder.

El actor Edward James Olmos en el papel de Jaime Escalante

---

[3]*cheekiness*

Nota lingüística: El dialecto del español que se habla en gran parte de esta película es una mezcla[4] de español estándar mexicanoamericano, argot[5] juvenil y del lenguaje típico que usan los miembros de las pandillas de estas zonas. De las dos últimas categorías, muchas de las palabras y expresiones que dicen, ya no se usan pues, con el tiempo, pasan de moda. Uno puede apreciar la creatividad y el «sabor» de ciertas expresiones como «¡Órale!» y «Ponte trucha», sin necesidad de memorizarlas.

No es probable que el grupo de estudiantes de la clase de Escalante fuera especial ni, por otro lado, que Escalante consiguiera salvar a todos sus alumnos. Pero no debemos olvidar cuántos de los que acudieron a[6] sus clases año tras año resultaron no ser incorregibles.

La trama

Jaime Escalante va a su primera clase a la escuela secundaria Garfield High School (en el este de Los Angeles), como profesor de informática,[7] y descubre que no tienen computadoras, que en su lugar le han asignado a enseñar matemáticas y que su clase consiste en un grupo de jóvenes indisciplinados, desinteresados y rebeldes. Pero en vez de enfrentarse a ellos, los maneja.[8] Al mismo tiempo que adopta una actitud que atrae la atención de todos (como la de hablarse a sí mismo o cortar manzanas con una cuchilla de carnicero[9] para explicarles el concepto de las fracciones), estos estudiantes descubren que los trata como a iguales, que él es uno de ellos, pero aún más duro.

El propósito de Escalante es el de ganarse la confianza de sus alumnos. Usa ejemplos de matemáticas extraídos de la vida diaria de ellos («Juan tiene cinco veces más novias que Pedro»), les hace pensar por sí mismos y los confunde al anunciarles cuál será el «castigo» por no trabajar diligentemente: la expulsión de la clase —una clase a la que la mayoría de ellos prefiere no acudir. Los chicos están sorprendidos ellos mismos por haberse dejado manipular así; incluso han aceptado treinta horas de deberes a la semana, más clases extras los sábados por la mañana. No pueden creer que no se hayan declarado en huelga.[10]

A pesar de las predicciones pesimistas del resto de los maestros, Escalante inicia su campaña para preparar al grupo a tomar el *Advanced Placement Test* de cálculo. El resultado es que consigue prepararlos muy bien —de hecho, demasiado bien, en la opinión del *Educational Testing Service*. Al final, la historia resultante es aún más triunfal puesto que es cierta, y porque se continuó repitiendo durante por lo menos siete años, tras la clase de 1982.

Para pensar

Las siguientes preguntas se basan en observaciones relacionadas con la primera parte de la película, para ayudarle a penetrar en la obra y a comprender el carácter de los personajes que va a ver. Dado que las respuestas van a

[4]combinación
[5]*slang*
[6]acudieron... *showed up in*
[7]ciencia de las computadoras / los ordenadores
[8]*manipulates*
[9]cuchilla... *meat cleaver*
[10]en... *on strike*

ser en su mayor parte subjetivas, se recomienda que las comente con sus compañeros.

1. Comente sobre los distintos barrios de Los Angeles que conoce, o de los que ha oído hablar, (Santa Mónica, Beverly Hills, Southgate). ¿Dónde está localizado el este de Los Angeles respecto a estas zonas?

2. ¿Qué deben hacer los miembros de las pandillas para continuar siendo aceptados? ¿Qué tipo de actitud le resulta inaceptable a la pandilla?

3. Una parte típica de la experiencia de la escuela secundaria es el conflicto que existe entre la gratificación instantánea y la meta a largo plazo. Por ejemplo, un(a) estudiante abandona la escuela para trabajar en Burger King a fin de comprarse un coche. Probablemente, esta acción compromete la posibilidad de que más tarde, con más educación, pueda obtener un trabajo mejor pagado y de más prestigio.

   ¿Qué haría Ud., si fuera profesor(a), para convencer a sus estudiantes de la necesidad de pensar en el futuro?

4. El asumir que algunos estudiantes van a tener problemas en aprender porque son miembros de cierto grupo étnico es un prejuicio. ¿Es también un prejuicio opinar lo mismo porque viven en determinados vecindarios? ¿Por qué si o por qué no?

Predicción

Basándose en lo que sabe hasta este punto por medio de la información que se le ha dado y por sus propias deducciones, escriba una breve predicción respecto al desenlace de esta historia. Tras haber visto la película, compare su predicción, y las de sus compañeros, para ver si coinciden con el final verdadero.

_____

_____

_____

_____

_____

_____

 # II Después de ver la película

Las escenas

Las siguientes preguntas sobre las escenas van acompañadas de vocabulario que aparece por varias razones. Las palabras pueden extraerse del diálogo hablado o de elementos visuales clave de la escena. Se dan aquí porque necesitan ser traducidas o porque pueden servir para recordatorio sobre lo que está ocurriendo, para ayudarle a comentar la escena en sí.

1. El primer día

Escalante entra en la clase por primera vez.

la rebeldía	*rebellion*
adelantaron el timbre	*they set off the bell ahead of time*
alguien le robó la radio	*someone stole his radio*
los muy tramposos	*those tricky devils*

Ⓐ ¿Le prestan atención a Escalante los estudiantes?

Ⓑ ¿Cuál es su expresión cuando se marchan los estudiantes antes de que empiece la clase?

Ⓒ Al salir de la escuela, ¿qué descubre Escalante?

Ⓓ ¿Cómo es el profesor? ¿Fuerte, débil, sensible, extraño... ? ¿Y su esposa?

2. Las lecciones

El segundo día, Escalante llega con manzanas y una cuchilla de carnicero, y así comienza el progreso.

el hoyo (en la arena)	*hole (in the sand)*
la mitad	*half*

Las manzanas

Ⓐ ¿Por que usa Escalante la rutina de las manzanas?

Ⓑ ¿Quiénes entran mientras está dando la lección? ¿Cómo se comportan con Escalante?

Ⓒ ¿A qué «recibo» se refiere el profesor?

Ⓓ De los dos muchachos, ¿cuál parece ser el líder?

Ⓔ Más tarde, ¿quiénes se pelean? ¿A quién le impide el profesor que participe en la pelea?

Los números positivos

Ⓕ Escalante quiere introducir el álgebra. Como respuesta a sus protestas, les dice: «Los machos no estudian... los machos viven de freír pollos.» ¿Qué les quiere decir?

Ⓖ Cuando les presenta la ecuación $(-2+2=?)$, Angel responde «cero». ¿Por qué es importante su respuesta?

Ⓗ ¿Participa en la clase Chuco, el cabecilla de la pandilla?

3. La junta del profesorado

Los profesores comentan sobre la viabilidad de enseñar matemáticas en Garfield High School.

la acreditación	*accreditation*
la educación física	*PE*
los recursos	*resources*
mejorar	*to improve*

Ⓐ ¿Qué se propone para el semestre siguiente como alternativa a la clase de matemáticas?

Ⓑ La Sra. Molina afirma que están haciendo todo lo posible. ¿Está de acuerdo Escalante?

Ⓒ Según Escalante, ¿cuál es la relación entre lo que aprenden los estudiantes y lo que se espera de ellos?

Ⓓ ¿Qué necesitan los profesores, según Jaime Escalante? ¿Ganas de qué?

4. Angel

Angel no está dispuesto todavía a abandonar la clase de matemáticas.

el asiento	*seat*
el lóquer	*locker*
el trato	*deal*
portarme derecho	*to go straight*
roto/a	*torn (in this context)*

Ⓐ Alguien entra en la clase y le dice a Angel que se levante de su asiento y que salga de la clase. ¿Quién es?

Ⓑ ¿Qué «problema» va a tener Angel si permanece en la clase? ¿Cómo lo resuelve Escalante?

Ⓒ ¿Qué le promete Angel al profesor a cambio?

5. La sillita

Escalante utiliza una «silla de castigo».

el boleto	*ticket (for the show)*
la cabra	*goat*
estar en huelga	*to be on strike*
van a rodar cabezas	*heads will roll*

Ⓐ ¿Quién dice: «La única razón por la que sigo en la clase es porque está[n] ellas»? ¿A quiénes se refiere?

Ⓑ ¿Qué consejo le da Tito a Pancho sobre las muchachas en general?

Ⓒ ¿Con quién sale Claudia?

Ⓓ Pancho, Tito y Lupe están en huelga. No quieren tomar la prueba. ¿Están de acuerdo los otros estudiantes? ¿Qué sugieren?

Ⓔ ¿Qué castigo le impone Escalante a Lupe para darles a todos una lección? ¿Por qué le dice: «Ahora tú eres el show»?

Ⓕ ¿Qué hace Escalante para no humillar a Lupe?

6. La noche de Angel... y la de Lupe

Angel atiende a su abuela y después sale a la calle. Lupe atiende a su familia.

acostar a los niños	*to put the kids to bed*
meterse la camisa dentro	*to tuck in your shirt*
quedar calvo	*to end up bald*
lo va a escamar	**lo va a fastidiar**

Angel

Ⓐ ¿Qué hace Angel antes de salir?

Ⓑ ¿Con quién sale Angel? ¿Adónde van?

Ⓒ ¿Qué hacen para «divertirse»? ¿Van a algún sitio en particular?

Ⓓ ¿Qué sucede a la mañana siguiente, cuando Angel llega tarde a clase?

Ⓔ ¿Por qué razón lo perdona Escalante esta vez? (¿Lo perdona alguna otra vez?)

Lupe

F ¿Para quién prepara la comida? ¿Adónde va?

G ¿A quién(es) debe acostar?

H Cuando la madre de Lupe llega a casa, ¿qué quiere que haga su hija? ¿Por qué presenta esto un problema?

I ¿Qué tipo de trabajo cree Ud. que ha estado haciendo la madre de Lupe durante todo el día?

7. Ana y el restaurante

Ana anuncia que es su último día de clase. Esa noche, los Sres. Escalante cenan en el restaurante de los padres de Ana.

la mesera	*waitress*
la propina	*tip*
desperdiciar	*to waste*
sumar	*to add* (*figures*)
distraído/a	*absentminded*
terco/a	*stubborn*
por su patrocinio	*for your business*

A En el restaurante, ¿cometió Ana algún error de computación?

B ¿Por qué opina Escalante que Ana debe regresar a la escuela? ¿Qué planes tiene ella para el futuro?

C ¿De quién es la idea de que abandone la escuela? ¿Quién más trabaja en el restaurante?

D Según el padre de Ana, ¿le servirá de algo la educación si continúa sus estudios?

E ¿Está de acuerdo Fabiola, la esposa de Escalante, con lo que dice su marido?

F Más tarde, Ana vuelve a clase y resuelve el problema de álgebra. ¿Opina Ud. que su regreso se debe a la conversación que mantuvo Escalante con el padre de Ana?

8. La idea de Escalante: el cálculo

En la sala de profesores, los maestros de matemáticas dialogan sobre las ideas de Escalante.

el año entrante	**el año siguiente**
la autoestima	**seguridad en sí mismo**
los cursos de repaso	*make-up courses* (*in this context*)

A Para poder estudiar cálculo, ¿qué necesitan saber antes los estudiantes?

B De acuerdo con el plan de Escalante, ¿cuándo estudiarían trigonometría?¿A qué hora del día?

C ¿Cuál sería la meta inmediata para enseñar cálculo?

D ¿Qué opinan los otros profesores? ¿Cuáles son sus objeciones?

E ¿Qué condición impone Escalante? («Cálculo... o buena suerte.»)

F ¿Qué teme la Sra. Molina, la directora del departamento de matemáticas?

G Escalante termina por proponérselo a la clase. ¿Bajo qué condiciones?

9. El programa

El programa ya ha sido implementado.

el atajo	*shortcut*
el desmadre	*mess*

el montacargas	*forklift*
el sindicato	*labor union*
desdoblar	*to unfold*
pescar maridos	**encontrar esposos**
surtir efecto	*to have an effect*

A En el verano hace calor. ¿Tienen aire acondicionado?

B Después del verano, ¿les pide Escalante que estudien horas extras?

C Tienen que traer permiso de casa para hacer el curso. ¿Qué razón le da Claudia a su madre para convencerla?

D ¿Qué lección le da Escalante a Pancho sobre los atajos? ¿A qué se refiere?

E ¿Permite Escalante que los estudiantes se duerman en la clase extra que da por la mañana?

F Las horas extras por la tarde surten su efecto. ¿Cuál es el problema de Claudia? ¿Qué efecto tiene sobre ella la reacción de Escalante?

10. Escalante y la presión

Sólo faltan dos semanas para el examen y Escalante trabaja demasiado.

el kinder	*kindergarten*
la pizarra, el pizarrón	*blackboard*
el consejero	*counselor*
sin cobrar	*without charge*
huele sabroso	*smells delicious*
el cholo (*slang*)	**muchacho**

A Angel llega tarde a clase por haber tenido que llevar a su abuela al médico. ¿Podrá salvarse esta vez?

B Es Navidad. Escalante y su familia están reunidos en casa. ¿Quién llega a visitarlos? ¿Por qué?

C Escalante pierde la paciencia en clase debido al estrés causado por el exceso de horas de trabajo. ¿Qué hace? ¿Qué dice Pancho después de que Escalante se va?

D ¿Qué clases da el profesor por la noche? ¿Cobra por enseñarlas?

E ¿Qué le sucede cuando sale de la clase porque se siente enfermo?

F ¿Qué le recomienda el doctor?

G ¿Quién se hace cargo de la clase de cálculo? ¿Qué cualificaciones tiene esa persona?

11. El examen

Después de tomar el examen, se reúnen con los profesores.

el ataque cardíaco	*heart attack*
calificar	*to score*
sacar la basura	*to take out the garbage*
pan comido (*coll.*)	*a piece of cake*
paso a paso	*one step at a time*

A Desde el hospital, ¿qué le manda Escalante a la clase?

B A su regreso, ¿están listas sus «tropas» para empezar a trabajar?

C ¿Adónde van después del examen?

D ¿Qué dice el director de la escuela durante la ceremonia?

E ¿En que condición está Angel cuando llega? ¿Cómo lo protege Escalante?

F ¿Qué le dan los estudiantes a Escalante?

12. La desilusión

Los estudiantes reciben la mala noticia.

la broma	*a practical joke*
la desilusión	*disappointment*
el noticiero	*news program*
el tramposo / la tramposa	*cheater*
enfrentarse con	*to confront*
perder la fe	*to lose faith*
renunciar a (un trabajo)	*to quit*
tienes suelta la boca	*you talk too much*
tras las rejas	*behind bars*

A Se rumorea que los resultados del examen son disputados, que «ponen en duda los calificativos».

B Los estudiantes expresan su frustración: Pancho se enfada con Lupe y golpea su coche.

C ¿Por qué para la policía a Angel y a Chuco? ¿Por qué motivo Chuco ataca a Angel? ¿Por qué se marcha Angel en vez de defenderse?

D ¿Se enfrenta Escalante con la profesora Molina?

E Escalante sufre otra desilusión. Piensa que le han robado su auto (un VW) del aparcamiento de la escuela. Le dice a su esposa, Fabiola, que cree que se ha equivocado al tratar de enseñar cálculo a esta clase. En realidad, ¿qué han hecho con el auto? ¿Quiénes lo han hecho?

13. El enfrentamiento con los inspectores

estamos en lo mismo	*we're back where we started*
inverosímiles	*hard to believe*

A Los inspectores del *Educational Testing Service* (*ETS*) se reúnen con la clase. Quieren que alguien «confiese». ¿Qué sorpresa les da Angel a todos?

B Escalante se reúne a solas con los inspectores del *ETS*.

C Según los inspectores, han encontrado computaciones inverosímiles para estudiantes de este calibre: errores matemáticos simples cometidos por la mayoría. ¿Qué sugiere eso? ¿Cómo lo explica Escalante?

D Finalmente, los inspectores admiten que la clase de Escalante ha hecho en menos tiempo los exámenes, y ha cometido menos errores, que las del resto del estado. Escalante: «Deberían ser premiados.» ¿Qué quiere decir al hacer este comentario?

E ¿Cree Escalante que los inspectores tendrían la misma opinión si su clase perteneciera a una escuela de un vecindario mejor?

14. La segunda vez

La repetición del examen y los resultados. La reacción de Escalante.

A ¿Cuánto tiempo tienen para estudiar para el segundo examen? ¿Cómo les ayuda Escalante a prepararse?

Ⓑ ¿Existe gran diferencia entre las notas que reciben en el primer examen y las del segundo? ¿Qué porcentaje de estudiantes lo pasa? ¿

Ⓒ En la escena final, mientras Escalante se aleja caminando por el vestíbulo, ¿qué información se nos da sobre los resultados del examen de *Advanced Placement* (*AP*) de las futuras clases de cálculo de Garfield High School? ¿Qué implica esto?

Ⓓ ¿Cuál es la reacción de Escalante según sale por la puerta de la escuela?

Interpretación

1. ¿Por qué sospechan de la clase de cálculo de Garfield las autoridades? ¿Es por prejuicio?

2. ¿Cree Escalante que hay jóvenes «buenos» y «malos»? Explique.

3. Cuando Escalante le dice a su esposa: «Creo haberme equivocado», ¿significa esto que ha perdido la fe en el sistema?

4. Esta historia ocurrió en 1982. El verdadero Jaime Escalante tuvo aún más éxito con las clases de cálculo en años sucesivos. ¿A qué cree Ud. que se debe este fenómeno? ¿Tal vez a una mezcla de compasión y disciplina?

5. ¿Cómo es Angel en realidad? ¿En qué se diferencian él y Chuco, el jefe de la pandilla[11]?

6. Dice Claudia: «Lo hago para no tener que depender de cualquier imbécil toda la vida.» ¿De qué está hablando?

7. Escalante le dice a Pancho: «Sólo ves el atajo. Hay que ver el camino.» ¿Comprende Ud. esta metáfora?

8. Nadie de la familia de Ana se ha graduado de la prepa;[12] ella prodría ser la primera. Así y todo, su padre se opone. ¿Qué nos indica esto sobre la situación social y cultural de esta familia?

9. ¿Opina Ud. que el resultado de prepararse para pasar el examen de cálculo avanzado (*AP*) les ha creado una falsa esperanza a los estudiantes —no sobre el examen precisamente, sino sobre la vida y la sociedad?

10. En un momento determinado, Escalante duda si resultará ser una buena idea enseñar cálculo a estos grupos. ¿Por qué piensa así?

Actividades

1. ¿Quiénes y cómo son?

Trabajando en parejas o en grupos pequeños, traten de identificar a estos personajes, dando una breve descripción en español.

1. Jaime Escalante _____

2. Fabiola Escalante _____

3. Angel _____

4. Raquel _____

5. Tito _____

---

[11]grupo de amigos; *gang*
[12]escuela preparatoria; *high school*

6. María _____

7. Javier _____

8. Pancho _____

9. Lupe _____

2. ¿Quién lo dice? ————————————————————

Trabajando en parejas o en grupos pequeños, traten de identificar a los personajes que dicen lo siguiente, y a quién(es) se lo dicen, en la película *Con ganas de triunfar*.

_____ 1. Juan tiene cinco veces más novias que Pedro.

_____ 2. Un estudiante se supera en base a lo que se le pida.

_____ 3. Los machos no estudian... los machos viven de freír pollos.

_____ 4. La única razón por la que sigo en la clase es porque están ellas.

_____ 5. ¿Quién es «el jefe»?

_____ 6. Tu problema es que sólo miras el atajo.

_____ 7. Ponte trucha.

_____ 8. Creo haberme equivocado.

3. Debate: ¿Es justo? ————————————————————

La decisión por parte de los inspectores del *ETS* de invalidar los resultados del examen de cálculo de la clase del profesor Escalante es complicada. En principio, parece basarse en la improbabilidad de que un grupo dado de estudiantes produzca al azar[13] una serie de respuestas con errores tan similares. En tal caso, parece razonable el cuestionar dichos resultados. Por otra parte, no existe evidencia en absoluto de que ningún miembro de la clase haya violado las reglas que regulan la administración de estos exámenes.

Proposición: Que los inspectores del Educational Testing Service (ETS) no tienen razón suficiente para cuestionar los resultados del examen de cálculo avanzado de la clase de Jaime Escalante.

Si quieren, pueden escoger otro tema apropiado para el debate,* con tal de que sea controvertible.

----

[13]al... *at random.*

* Para recordar cómo se organiza un debate, vea en la sección ***Avance,*** *El debate.*

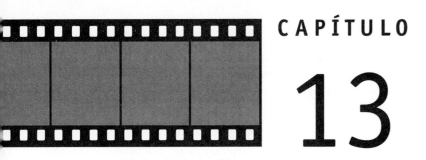

13

El abuelo

JOSÉ LUIS GARCI, 1998

 I Antes de ver la película

El director español José Luis Garci (1945–) y Ana Fernández

La historia de *El abuelo* está basada en la novela del mismo título de Benito Pérez Galdós. Galdós nos ofrece un vasto panorama social de España durante un tiempo de cambios drásticos en la estructura de la sociedad que nos describe. Muchos consideran a Pérez Galdós el mejor novelista español después de Cervantes.

El abuelo es una fábula triste, divertida y profundamente conmovedora, en la que un viejo aristócrata cascarrabias debe elegir entre el amor y el honor. El personaje principal es don Rodrigo, el abuelo. Fernando Fernán Gómez, incansable y legendario actor español de 81 años de edad, representa el papel de forma totalmente convincente. Hasta la fecha, Fernán Gómez ha actuado en ciento ochenta y dos películas,* ha dirigido veintinueve y ha escrito el guión de otras veintiuna. Con su español elocuente, claro y extremadamente comprensible, don Rodrigo nos muestra gran capacidad para pronunciar denunciaciones tan desdeñosas que dejan pasmado al espectador. A veces, sus monólogos son similares a los de Shakespeare —tal vez intencionadamente—, como en ciertas escenas que nos recuerdan a *King Lear*.

El abuelo fue la película presentada por España como candidata al Oscar a la mejor película extranjera, en 1998. Ese mismo año, Italia, a su vez, presentó la muy popular *La vita è bella*, y *El abuelo* no consiguió el premio. Por consiguiente, la película no llegó al público en la gran escala que se merecía. Tal vez uno de sus puntos débiles sea su duración (dos horas y media). A pesar del hermoso paisaje y los fascinantes personajes, no es el tipo de película para aquéllos que prefieren películas de acción, estilo Hollywood como *Indiana Jones* y *Mission Impossible*. No obstante, esta historia nos ofrece mucho que

---

*Entre las más conocidas recientemente: *Mariposa* (2000), *Todo sobre mi madre* (1999), *Belle époque* (1992), *La mitad del cielo* (1986), *Mamá cumple cien años* (1979).

aprender sobre el amor y el desprecio, la fidelidad y la traición, la amistad que trasciende las clases sociales y, en el fondo, las decisiones, aparentemente irracionales, que proceden de la lógica natural, peculiar e insondable de la que todos disponemos.

Otras películas de José Luis Garci: *Volver a empezar* (1982); *Asignaturas pendientes* (*Unfinished Business*. 1977); y otros veintiséis títulos más.

El ambiente cultural

La inquietud política que siguió a la degradación paulatina[1] de la aristocracia española sirve de base a lo que ocurre en la película. Para 1890, fecha aproximada en que tiene lugar *El abuelo*, la clase alta se ve amenazada por el creciente descontento de la clase obrera, clase que había disfrutado de cierto poder debido en parte a la revolución industrial. Este estado de cambio progresivo es obvio a lo largo de la película, comenzando por una conversación entre los amos de casa, Gregoria y Venancio, en la que se vanaglorian[2] de haber, en efecto, relevado al Conde de Albrit (don Rodrigo) de sus tierras y su hacienda.

Los escudos[3] ya no representan el poder y orgullo de las familias que representaron durante siglos. Tampoco los títulos de nobleza otorgados tienen el significado que tuvieron en el pasado. Por ejemplo, un título tal como el de don Rodrigo, Conde de Albrit, en un tiempo dado se refería al propietario de un considerable territorio conocido como Albrit, del que él era el Conde. A su regreso, después de una larga ausencia, don Rodrigo se da cuenta de que ya no es el propietario de lo que le dio su título, y se ve limitado a recordarle a la gente del pueblo quién fue él en un tiempo pasado. Por otra parte, su nuera es la muy venerada[4] doña Lucrecia, «Condesa» por su riqueza y por el poder que ésta le aporta, al haberse casado con el hijo de don Rodrigo. El título de don y doña se usa en *El abuelo* como señal de respeto, no sólo por los bienes que se poseen, sino por la profesión que se ejerce (don Salvador: médico, don Jaime: ministro del gobierno), e incluso el humilde don Pío Coronado, tutor de las nietas de don Rodrigo, quien aparentemente es merecedor[5] del título de «don» porque anteriormente había sido maestro. Al final, como muestra de la amistad duradera con don Pío, don Rodrigo insiste en que no se dirija a él con los títulos de «don» o «conde», sino que simplemente, le llame «Rodrigo». En cierto sentido, esta insistencia por parte de don Rodrigo indica el cambio social por el que atraviesa el país.

El papel de don Pío en la historia es en sí un símbolo de los tiempos y del status económico de la familia que le ha empleado de tutor. La familia, en este caso, consiste solamente en la madre, doña Lucrecia, y sus dos hijas. Dado que doña Lucrecia está ausente con frecuencia atendiendo a sus negocios, Gregoria, el ama de casa, es la que se ocupa de las niñas. La educación de

---

[1] *gradual*
[2] *boast*
[3] *coats of arms*
[4] *respected*
[5] *deserving*

éstas, según la tradición de la clase alta, está a cargo de su tutor, don Pío. La intención de don Pío es proporcionarles una instrucción seria en las materias que, en aquel entonces, se consideraban apropiadas para las jóvenes: francés, latín, historia griega, gramática española, etcétera. Pero la instrucción no siempre es seria; a las dos muchachas les gusta gastarle bromas a don Pío, a pesar del afecto que sin duda sienten por él. Esta actitud juguetona y familiar hacia su tutor no habría sido tolerada en los hogares más rígidos y conscientes de su posición en la sociedad de la época anterior al siglo XIX.

La trama

La primera escena es curiosa por lo que no nos revela. Estamos en un piso (apartamento) lujoso en Madrid a finales del siglo XIX. La primera imagen que vemos es una fotografía de una mujer con sus dos hijas. Según los acontecimientos que siguen, somos testigos de la disolución de las que obviamente fueron unas relaciones amorosas. Pero en este momento no sabemos quiénes son estas personas, ni qué relaciones tienen con el abuelo o con los otros miembros de la familia. La única pista es la foto, dado que la mujer que aparece en ella con las dos niñas parece ser la misma de la escena que estamos observando. No se nos revela su nombre; al caballero se dirigen con el título de «señor ministro».

La escena cambia, y ahora nos encontramos en la provincia norteña de Asturias,* España. A la mesa, en el campo verde de una finca, dos jóvenes bonitas se distraen de sus estudios especulando sobre la existencia de Dios. De repente aparece la figura de un hombre con una barba larga y blanca. No es Dios, sino su abuelo, a quien no han visto desde hace años.

El abuelo, don Rodrigo, ha perdido su fortuna en Perú, y quiere recuperar algo —especialmente su orgullo— de las vastas tierras de su familia. Durante su ausencia, murió su único hijo, Rafael. Comienza a darse cuenta de que su bella pero manipuladora nuera, doña Lucrecia, está implicada en algún escándalo familiar, y que es ella quien mantiene el control de todo lo que era la propiedad del anciano y también la que cuenta con el respeto de todo el pueblo. Doña Lucrecia, la viuda, asimismo se beneficia de sus últimas relaciones ilícitas con un ministro del gobierno de Madrid, lo cual le da a ella aún más poder ante la gente y los clérigos del pueblo donde tiene sus tierras. Pide que mantengan a don Rodrigo confinado en el monasterio para que no se meta más en sus asuntos.

Don Rodrigo es un hombre con una misión. Sabe que sólo una de sus dos encantadoras nietas, Dolly y Nelly, es realmente su heredera.[6] Es un asunto de honor: una es hija de su hijo, Rafael, mientras que la otra es hija de doña Lucrecia y de uno de sus amantes, Carlos, un pintor.

Mientras tanto, don Rodrigo ha hecho amistad con el pobre don Pío, el infeliz tutor de las dos niñas. Don Pío tiene seis hijas, abusivas y violentas. Desea suicidarse, pero le falta el coraje necesario. Don Rodrigo, en tono serio, le

---

[6]*heiress*

*Asturias es una zona verde de playas rocosas que se encuentra en la costa Cantábrica (Bay of Biscay).

hablando del tema...

Nuestros padres fundadores, en su propósito de establecer una democracia representativa, en vez de una monarquía tal como la de Jorge III de Inglaterra, abandonaron la concesión de títulos a los nobles o terratenientes. ¿Hasta qué punto tuvieron éxito estas medidas? ¿Aún existen vestigios del sistema que deseaban evitar?

hablando del tema...

Existen muchas películas en las cuales se ve a un hombre o a una mujer que, después de una larga ausencia, vuelve a su hogar para encontrar que mucho ha cambiado, y que no puede recuperar la forma de vida que dejó. Tal vez el ejemplo más reciente de este género es *Cast Away,* con Tom Hanks. ¿Pueden Ud. y sus compañeros pensar en otras?

Parte de la costa de Asturias, en el norte
de España

dice que él estaría dispuesto a empujarlo hacia un precipicio junto al mar, en
cuanto don Pío tome la decisión.

Para pensar

Las siguientes preguntas se basan en observaciones relacionadas con la primera
parte de la película, para ayudarle a penetrar en la obra y a comprender el
carácter de los personajes que va a ver. Dado que las respuestas van a ser en su
mayor parte subjetivas, se recomienda que las comente con sus compañeros.

1. Si conoce el argumento de *King Lear*, de Shakespeare, explíqueles a sus
   compañeros en qué sentido tiene algún paralelo con *El abuelo*. Esta se-
   mejanza, ¿se debe más al personaje de don Rodrigo o al de don Pío?

2. Según lo que sabe hasta ahora, ¿tiene Ud. alguna idea sobre la identidad de la mujer en la primera escena? ¿Cómo lo sabe?

3. Mire el mapa de España y busque la región de Asturias, que sirve de
   fondo para toda la película. Asturias forma parte de la costa norte española (la costa Cantábrica), desde la frontera con Francia en el este,
   hasta el último promontorio de Galicia en el oeste. Notarán en la película que es la costa de un mar bravo[7] e imponente y de playas más bien
   rocosas. ¿Tiene tal terreno alguna relación con la forma en que don Pío
   desea suicidarse?

4. Si sólo una de las niñas es nieta de don Rodrigo, ¿qué parentesco[8] tiene
   él con la otra?

---

[7] *wild, stormy*
[8] *relationship*

Predicción

Basándose en lo que sabe hasta este punto por medio de la información que se le ha dado y por sus propias deducciones, escriba una breve predicción respecto al desenlace de esta historia. Tras haber visto la película, compare su predicción, y las de sus compañeros, para ver si coinciden con el final verdadero.

_____

_____

_____

_____

_____

_____

_____

 ## II Después de ver la película

Las escenas

Las siguientes preguntas sobre las escenas van acompañadas de vocabulario que aparece por varias razones. Las palabras pueden extraerse del diálogo hablado o de elementos visuales clave de la escena. Se dan aquí porque necesitan ser traducidas o porque pueden servir de recordatorio sobre lo que está ocurriendo, para ayudarle a comentar la escena en sí.

1. Amantes secretos ──────────────────────

Estamos en un piso elegante de Madrid, donde se ve a un hombre y a una mujer hablando en tono serio. ¿Puede Ud. adivinar quiénes son?

el brindis **acción de brindar** (*to toast*)

el refrigerio *refreshment*

Ⓐ ¿Qué significa el brindis de la mujer: «Por los amores eternos... y lo poco que duran»?

Ⓑ ¿Cómo responde ella a los abrazos y besos del hombre?

Ⓒ Al final de la escena, ¿qué está haciendo la mujer? ¿Qué significado tiene eso?

Ⓓ ¿Qué mira después?

2. Aparece el abuelo ──────────────────────

En la mesa, en el campo verde de una finca, dos jóvenes bonitas se distraen de sus estudios especulando sobre la existencia de Dios.

las Dominicas **una orden de monjas**

flaco/a **delgado/a**

la monja **hermana religiosa**

Ⓐ Dolly y Nelly hablan de Dios. ¿Cómo surgió el tema?

Ⓑ En vez de Dios, ¿quién se acerca a ellas?

Ⓒ ¿Qué indica su pregunta; «¿No me conocéis?»

Ⓓ Gregoria y Venancio son los amos de la casa, pero no los dueños. Por la conversación que oímos, ¿se puede deducir que tienen otras ambiciones?

Ⓔ ¿Qué quiere decir el abuelo cuando les comenta a las niñas: «somos prisioneros del tiempo»?

Ⓕ ¿Cómo tratan las dos niñas a su abuelo?

Ⓖ ¿Qué le ha sucedido al padre de las niñas?

3. Don Pío

Don Rodrigo habla con don Pío, el tutor de las niñas.

las desgracias	**mala suerte**
el infeliz	*simpleton, poor devil*
la espabilada	**lista**
el pudor	**la modestia**
sabio/a	*wise*
La letra con sangre entra.	**para enseñar, es necesario castigar**
el maestro de palmeta	*teacher with a cane (for punishing students)*

Ⓐ ¿Qué hace don Pío al entrar don Rodrigo? ¿De qué forma lo saluda?

Ⓑ ¿Cómo se dirige don Rodrigo a don Pío, el tutor? A pesar de eso, ¿le tiene afecto?

Ⓒ Ahora don Pío ya está jubilado. ¿Cuál era su profesión?

Ⓓ Don Rodrigo le hace muchas preguntas sobre las diferencias entre las dos niñas. ¿Por qué le interesan tanto las observaciones de don Pío?

4. En casa del alcalde

Una cena elegante en casa del alcalde

el alcalde	*mayor*
venerar	**respetar** (*to worship*)
asombroso/a	**fantástico/a**
trastornado/a	**un poco loco**
sin compromiso	*not engaged* (*to marry*)

Ⓐ Parece que el propósito de la cena es hacerle un homenaje a doña Lucrecia. ¿Por qué razón?

Ⓑ Hablando de la ayuda que ella aporta al pueblo, doña Lucrecia hace referencia a su «amistad con el ministro». ¿A quién se refiere?

Ⓒ Se menciona también a don Rodrigo. ¿En qué contexto? ¿Cuál es la insinuación?

Ⓓ ¿Por quién se brinda? ¿Qué ocurre tras el brindis?

5. Don Rodrigo y doña Lucrecia: enfrentamiento

Don Rodrigo y doña Lucrecia hablan solos sobre asuntos delicados.

la hija de paso	**referencia al hecho de que nunca fue más que una nuera**
mujer caprichosa, voluble	*capricious, fickle woman*
las mujeres sin tacha	**mujeres puras**

Ⓐ ¿Considera don Rodrigo a doña Lucrecia como hija? ¿Cuál es realmente la relación entre ellos?

Ⓑ Don Rodrigo le dice a doña Lucrecia: «Ud. ha matado a mi hijo.» ¿Por qué?

Ⓒ Según él, ¿cómo murió su hijo, Rafael?

Ⓓ ¿Cómo le explica doña Lucrecia por qué era imposible para ella continuar sus relaciones con Rafael? ¿Cómo describe a Rafael?

Ⓔ «Me di cuenta de que no podemos cambiar a los demás.» ¿Qué quiere decir?

Ⓕ Don Rodrigo hace una referencia misteriosa a «lo otro». ¿De qué está hablando?

Ⓖ ¿De quién es la carta que trae don Rodrigo? La carta no termina... ¿Qué es lo que no explica?

Ⓗ ¿Qué es lo que pide don Rodrigo? ¿Qué busca?

6. Una clase con don Pío

La clase de Dolly y Nelly, y las pocas ganas que tienen de estudiar

no tiene ninguna gracia   *it's not funny*

Ⓐ ¿Por qué dice don Pío que tiene demasiadas hijas?

Ⓑ ¿Cómo son sus hijas?

Ⓒ ¿Cómo tratan a su padre? («Hemos oído que te pegan.»)

Ⓓ ¿Cómo tratan Dolly y Nelly a don Pío?

7. Doña Lucrecia y Senén: pactos

Doña Lucrecia y Senén planean una intriga, pero con fines distintos.

el protegido / la protegida	**persona que recibe la protección de otra**
desinteresadamente	**generosamente**
los desechos	**lo que se tira; basura**
alejar	**distanciar**

Ⓐ ¿Cómo trata Senén a doña Lucrecia? ¿La trata con demasiadas contemplaciones?

Ⓑ ¿Qué es lo que quiere de doña Lucrecia? ¿Cómo le puede ayudar ella?

Ⓒ ¿Por medio de quién tiene influencia en el gobierno doña Lucrecia?

Ⓓ A su vez, doña Lucrecia le pide un favor a Senén. ¿De qué se trata?

8. En la playa

Las niñas están jugando en la playa.

la villanía	*villainy*
abrigarse de	**protegerse de**

Ⓐ El abuelo mira desde arriba mientras sus nietas juegan en la arena. ¿Qué es lo que observa que están haciendo?

Ⓑ El abuelo les cuenta cómo los amos de la casa lo están tratando cada vez peor: café malo, pan duro, vajilla y servilletas sucias, etcétera. ¿Por qué está ocurriendo esto? ¿Qué le ofrecen las niñas?

Ⓒ «La villanía es perdonable; la ingratitud, nunca.» ¿A qué se refiere don Rodrigo?

Ⓓ Mientras se abrigan de la lluvia, el abuelo les pregunta a las niñas sobre los dibujos que habían trazado en la arena. ¿Qué le dice Dolly? ¿Qué implicaciones puede tener su respuesta para el abuelo? ¿Qué les pregunta don Rodrigo a las niñas?

Ⓔ ¿Cómo mira a las dos niñas después de enterarse de esta diferencia entre ambas?

9. En el monasterio

En el monasterio de Zaratay, don Rodrigo se da cuenta de que lo han engañado.

la celda	**pequeño cuarto donde vive un monje**
el demente	**loco**
los engaños	*trickery*
los escudos	*coats of arms*
la misericordia	**compasión**
permanecer	**quedarse**
enjaulan	**meten en una jaula** (*cage*)
me cago [*vulg.*] en Zaratay	**al demonio con (el monasterio de) Zaratay**

A Antes de ir al monasterio, ¿qué es lo que mira don Rodrigo? ¿En quién está pensando? ¿Qué le cuenta a su difunta esposa, Adelaida?

B «La vejez, si sirve para algo, es para ver la realidad tal como es. Y mi única realidad eras tú.» ¿Qué quiere decir? ¿A quién le está hablando?

C ¿Por qué está invitado don Rodrigo a cenar en el monasterio? Encima de la mesa se ven unos escudos. ¿Cuál es la ironía?

D ¿Se da cuenta don Rodrigo de que todos quieren convencerlo de que se quede?

E ¿Se oponen a que salga del monasterio? ¿Cuál es su «misión que cumplir»?

F ¿Cómo explica don Rodrigo por qué le resulta imposible quedarse allí?

G ¿Qué pasa cuando va a salir?

10. Don Pío y don Rodrigo: una promesa

Don Pío y don Rodrigo hablan cerca de un precipio.

el acantilado	*cliff*
la bondad	**el ser bueno**
la dote	*dowry*
el trago	**algo de beber**
el valor	**el coraje**
despreciarme	**odiarme**

A ¿Piensa don Pío seriamente en suicidarse?

B ¿Por qué dice: «¡Qué malo es ser bueno!»?

C Van a casa a tomar un trago. Mientras beben, ¿de qué hablan los dos hombres?

D Rodrigo a don Pío: «¿Cómo es posible tener tan poco carácter?»

E ¿Qué relación tenía don Pío con su (difunta) esposa?

F Don Rodrigo y don Pío hacen un pacto. ¿En que consiste? ¿Qué condiciones le impone inmediatamente don Pío?

G ¿Qué excusa le da para no hacerlo en aquel momento?

11. Don Rodrigo en el casino

Don Rodrigo, en el casino, se enfrenta a todos sus «enemigos» del pueblo.

el desprecio	*contempt*
la misa del gallo	**misa de medianoche en Nochebuena**

miraos bien   *take a good look at each other*

Ⓐ Antes de que don Rodrigo vaya al casino, vemos a unos de los personajes más importantes hablando sobre un asunto «serio». ¿De qué se trata?

Ⓑ ¿Por qué va don Rodrigo al casino?

Ⓒ Primero los insulta por lo que intentaron hacer con él. ¿Qué fue?

Ⓓ ¿Qué les dice a todos, uno por uno? ¿Qué contestan ellos?

Ⓔ Es costumbre decirle: «Que le aproveche», a uno que está comiendo. ¿Qué les dice don Rodrigo?

12. En casa con las niñas

Las niñas anuncian que se marchan a Madrid a vivir con su madre.

la heredera	*heiress*
agradar	**complacer**
no te van a despachar	**no te van a mandar que te vayas**
ya se os pasará	*you'll get over it*

Ⓐ ¿Adónde van a ir las niñas? ¿Por cuánto tiempo?

Ⓑ ¿Quién dice que se va a quedar con el abuelo?

Ⓒ Gregoria dice que Dolly no puede tomar esa decisión, dado que la casa es de Venancio y de ella. ¿Qué le responde Dolly? ¿Son ellos realmente los dueños?

Ⓓ ¿Cómo reacciona el abuelo a lo que Dolly les dice a Gregoria y a Venancio?

13. Doña Lucrecia y Senén: fin de las relaciones

Doña Lucrecia y Senén terminan enfrentándose.

la lealtad   *loyalty*

Ⓐ ¿Qué es lo que pide Senén esta vez?

Ⓑ ¿Cómo responde ella? ¿Qué términos usa para describirlo?

Ⓒ Senén habla de su lealtad hacia doña Lucrecia. Hace referencia a los secretos que sabe de ella que él nunca ha revelado, pero que podría hacerlo. ¿Tiene uno la impresión de que doña Lucrecia teme las amenazas de Senén?

14. Senén y don Rodrigo: la carta

Senén y don Rodrigo hablan de las nietas.

cantar las cuarenta	*tell him a thing or two*
asqueroso/a	*filthy*
«Agur»	**«Adiós» en vasco** (*Basque*)

Ⓐ Senén le dice a don Rodrigo que sabe el secreto de las nietas. ¿Por qué medios, según él, ha obtenido esta información?

Ⓑ Senén muestra otra carta que contiene, según él, el secreto que busca don Rodrigo. ¿Qué es lo que le pide a don Rodrigo a cambio de la carta?

ⓒ Más tarde, de forma ostentosa, Senén les dice a Gregoria y a Venancio que ha engañado a don Rodrigo y que éste le ha dado su anillo de rubíes, regalo de los incas.

ⓓ Tras la marcha de Senén, Gregoria le dice a Venancio: «Ahí lo tienes.» ¿Qué quiere decir?

15. Doña Lucrecia y don Rodrigo: la propuesta

Doña Lucrecia y don Rodrigo a solas en el jardín

el comportamiento **conducta**

asombroso/a **increíble**

ⓐ Doña Lucrecia le pide perdón a don Rodrigo por haber intentado internarlo en el monasterio, y por su comportamiento. ¿De qué otro tema quiere hablar?

ⓑ ¿Qué explicación le da a don Rodrigo por haber dejado a su hijo, Rafael, para tener relaciones ilícitas con Carlos? ¿Por qué se separó luego de Carlos?

ⓒ Cuando volvió con Rafael, ¿qué tipo de relaciones tenían?

ⓓ ¿Qué hizo doña Lucrecia cuando murió Rafael?

ⓔ Doña Lucrecia le dice que le ha confesado su secreto a Dios. Por implicación, ¿quién más lo sabe?

ⓕ Ante la aparente imposibilidad de sacarle el secreto a doña Lucrecia, don Rodrigo le hace una propuesta asombrosa. ¿Qué es lo que le pide?

ⓖ Doña Lucrecia, por su parte, le dice que podría darle a don Rodrigo todo lo que necesite para vivir cómodamente durante el resto de su vida. ¿Qué es lo que no le puede dar?

16. La despedida

Las niñas vienen a despedirse de su abuelo antes de marcharse.

difunto/a **muerto/a**

aire de reina **parece una reina** (*queen*)

ⓐ ¿Por qué están las niñas preocupadas?

ⓑ ¿Cuál de las dos tiene talento para pintar?

ⓒ ¿Cuál de las dos niñas le recuerda a su difunta esposa, Adelaida? ¿Qué implicación puede tener eso para don Rodrigo?

ⓓ Dolly le pregunta: «¿Qué es el honor?» ¿Le contesta el anciano?

ⓔ Más tarde, en una cena en casa del alcalde, le preguntan a Dolly si tiene muchas ganas de ir a Madrid. La muchacha contesta: «Sí y no». ¿Por qué contesta así?

ⓕ ¿Qué le dice doña Lucrecia del alcalde y de su esposa? ¿A quién le atribuye estos comentarios?

17. La carta

Don Rodrigo va al monasterio a hablar con el prior.

vamos al grano *let's get to the point*

ⓐ Por la noche vemos a Dolly con su madre, sin oír lo que dicen. ¿De qué estarán hablando? ¿Tendrá algo que ver con los deseos de Dolly?

ⓑ El prior de Zaratay le pide a don Rodrigo que vaya al monasterio. ¿Qué quiere don Pío que haga don Rodrigo antes de irse?

ⓒ ¿Qué noticias tiene el prior para don Rodrigo? ¿De dónde vienen?

ⓓ ¿Es ésta la respuesta que quiere don Rodrigo?

18. En la estación

Doña Lucrecia y sus hijas van a la estación del tren.

grosero	**bruto, vulgar**
el pacto	**el trato, el acuerdo**
nos arrojaremos	*we'll jump off*
una buena mierda	*a pile of shit*

Ⓐ Doña Lucrecia le pregunta cariñosamente a Dolly: «¿Estás contenta?» ¿Qué contesta su hija? ¿Tiene esta pregunta un significado especial?

Ⓑ Mientras tanto, don Rodrigo y don Pío están a punto de cumplir con su pacto. Sin embargo, don Rodrigo lo cambia todo cuando dice: «Ha llegado nuestra hora.» ¿En qué varía del pacto original?

Ⓒ ¿Por qué se opone don Pío a la idea de que lo acompañe don Rodrigo?

Ⓓ ¿Qué significa la escena de la estación vacía?

Ⓔ Los dos hombres están al borde del precipicio, a punto de saltar, cuando se oye una voz. ¿Quién es?

Ⓕ ¿De quién es la carta? ¿Cómo explica Dolly por qué se ha quedado? ¿Dónde van a vivir?

Ⓖ ¿Y la pregunta que nunca contestó don Rodrigo sobre el honor y el amor? ¿Cómo la interpretan ahora los dos hombres?

Ⓗ ¿Cómo resuelve don Rodrigo el «asunto» de don Pío? ¿De qué forma va a cambiar su relación de ese momento en adelante?

Interpretación

1. En varias ocasiones, don Rodrigo intenta determinar las diferencias entre las dos nietas, a fin de averiguar cuál es la auténtica. ¿Qué evidencia encuentra? ¿Cuáles son las implicaciones de esta evidencia?

2. Tres personas en la historia mencionan la existencia de una carta que tiene una relación reveladora con la identidad de la nieta auténtica. ¿Quiénes son los que mencionan las cartas? ¿Cuál es la carta que tiene un verdadero efecto sobre don Rodrigo?

3. En la estación, doña Lucrecia acaricia a Dolly, y le pregunta: «¿Estás contenta?» ¿Por qué no se dirige a las dos niñas con la misma pregunta, en el plural? ¿Tiene esto alguna relación con la conversación que mantuvo la noche anterior con Dolly? (Recuerde también la respuesta de Dolly durante la cena en casa del alcalde: «Sí y no».)

4. Según don Pío, ¿qué es más importante, el honor o el amor? ¿Por qué?

5. Como hemos dicho al principio, *El abuelo* trata de varios temas: «el amor y el desprecio, la fidelidad y la traición, la amistad que trasciende las clases sociales y, en el fondo, las decisiones, aparentemente irracionales, que proceden de la lógica natural, peculiar e insondable de que todos disponemos.»

   Después de haber visto estos temas reflejados en la historia de *El abuelo,* ¿cuál es, en su opinión, el mensaje principal de la película?

Actividades

1. ¿Quiénes y cómo son?

Trabajando en parejas o en grupos pequeños, traten de identificar a estos personajes, dando una breve descripción en español.

1. don Rodrigo _____

2. don Pío Coronado _____

3. doña Lucrecia Richmond _____

4. Senén Corchado _____

5. Carlos _____

6. Dolly _____

7. Nelly _____

8 Rafael _____

9. Adelaida _____

10. Alcalde de Jesusa _____

11. Vicenta, la alcaldesa _____

12. Prior de Zaratay _____

13. don Salvador _____

14. Gregoria _____

15. Venancio _____

16. doña Consuelito _____

17. don Carmelo _____

18. don Jaime, ministro _____

2. ¿Quién lo dice?

Trabajando en parejas o en grupos pequeños, traten de identificar a los personajes que dicen lo siguiente, y a quién(es) se lo dicen, en la película *El abuelo*.

_____ 1. Ud. ha matado a mi hijo.

_____ 2. Yo me quedo contigo, abuelo.

_____ 3. ¡Qué malo es ser bueno!

_____ 4. Es que quiero cuidarte a ti.

_____ 5. Por los amores eternos... y lo poco que duran.

_____ 6. Si Dios existe, sabe que somos buenas personas.

_____ 7. Lo que quiero es alejarlo de mí y, si es posible, no verlo nunca más.

_____ 8. Ya podría haber muerto tranquilamente en las Américas.

_____ 9. Mi única realidad has sido tú.

_____ 10. No puedo aceptar la santa caridad de este monasterio.

3. Debate: ¿Cuál de las nietas debía haberse quedado con su abuelo?

Al final de *El abuelo*, vemos que sólo una de las nietas se queda con él, mientras que la otra se va a vivir a Madrid con su madre. Parece que la que se queda ha tomado la decisión por sí misma.

Pero, ¿es la decisión apropiada? ¿Se debe la decisión a la creencia de que una le «pertenece» al abuelo (debido a la confusión respecto a sus padres), o es una decisión basada más bien en el afecto?

Los dos grupos de debate deben defender cualquiera de las decisiones que consideren la «justa», explicando tanto las circunstancias como los motivos que llevaron a las niñas a tomar sus respectivas decisiones.

Proposición: Que Nelly, la nieta de don Rodrigo, debía haberse quedado con su abuelo, mientras que su hermana, Dolly, debía haberse ido a vivir con su madre en Madrid.

Si quieren, pueden escoger otro tema apropiado para el debate,* con tal de que sea controvertible.

---

*Para recordar cómo se organiza un debate, vea en la sección *Avance, El debate.*

1

Vocabulario de cine

 1 La creación de la película

el actor	*actor*
la actriz	*actress*
la banda sonora	*sound track*
la cámara	*movie camera*
el/la cineasta	*person involved in movie making: director, producer, actor, and so on; movie/film critic or student*
la cinta	*film*
la cinematografía	*cinematography*
los créditos	*credits*
la dirección	*direction*
el director / la directora	*director*
director(a) general de producción	*executive director*
director(a) de fotografía	*director of photography*
el /filme	*film*
el foro	*background*
los efectos especiales	*special effects*
los efectos digitales	*digital effects*
el guión	*script*
el /la guionista	*scriptwriter*
el maquillaje	*makeup*
el montaje	*montage; film editing*
montar	*to edit (a film)*
el operador / la operadora	*camera operator*
la película	*film; movie*
el plató	*(movie) set*

el primer plano	*close-up*
el productor / la productora	*producer (film)*
la producción	*production (film)*
la realización	*production (TV)*
el realizador / la realizadora	*producer (TV)*
el rodaje	*shooting; shoot (of film)*
rodar	*to film, to shoot*
el segundo plano	*medium (shot)*
el sonido estereofónico	*stereophonic sound*

2 Descripción de la película

el cortometraje	*short subject*
los dibujos animados	*cartoons*
doblado (doblar)	*dubbed*
doblaje	*dubbing*
el elenco	*cast*
la escena	*scene*
la escena retrospectiva	*flashback*
el escenario	*set, stage*
la estrella de cine	*movie star*
el fondo	*background*
el largometraje	*feature-length film*
la música de fondo	*background music*
el papel principal	*title role*
el papel secundario	*supporting role*
la película de aventuras (de acción)	*adventure (action) film*
la película en color	*film in color*
la película documental	*documentary*
la película del oeste	*western film*
la película pornográfica	*pornographic film*
la película de terror	*horror film*
el personaje	*character*
el/la protagonista	*star; hero/heroine*
el subtitulaje	*subtitling*
los subtítulos	*subtitles*
la trama	*plot*
la versión original	*original version (not dubbed)*

3 En el cine

el aficionado / la aficionada al cine	*movie fan*
el avance	*preview*
la cinemateca	*film library*
el estreno	*new release; première*
la función doble	*double feature*
la pantalla	*movie screen*
la proyección	*projection*
la taquilla	*box office*
el tráiler	*preview*

Actividad: Los términos cinematográficos ———————

Empareje[1] cada definición, o situación, con uno de los términos de la lista que se da a continuación. Después, compare sus respuestas con las de sus compañeros.

_____ 1. Película de duración normal (de aproximadamente 90 minutos).

_____ 2. La sustitución de las voces de los actores originales de la película por las de otros actores.

_____ 3. Responsabilidad de la mayoría de los aspectos en la creación de una película.

_____ 4. El aspecto artístico de una película desde el punto de vista visual.

_____ 5. Una película que acaba de estrenarse.

_____ 6. Puede ser adaptado de una novela o escrito expresamente para la película.

_____ 7. El acto de filmar las imágenes de una película con una cámara.

_____ 8. Lo que se ve tras la acción principal.

_____ 9. El sitio donde se compran las entradas de cine.

_____ 10. El personaje central en la historia.

_____ 11. Escena que se rueda a poca distancia del foco de atención.

_____ 12. La persona que escribe el diálogo y las instrucciones para los actores.

_____ 13. El resumen, a grandes rasgos,[2] de la historia de una película.

_____ 14. La persona que selecciona y ordena el material filmado para la versión final de la película. Según algunos críticos, es la labor decisiva en la creación de una obra.

a. el papel secundario
b. el doblaje
c. la cinematografía
d. el escenario
e. el rodaje
f. el estreno
g. el largometraje
h. el/la protagonista
i. el foro
j. la función doble
k. el/la guionista
l. la taquilla
m. la dirección
n. la trama
o. el plató
p. el cortometraje
q. el guión
r. la banda sonora
s. el primer plano
t. el montador / la montadora

---

[1] *Match*
[2] a... *broad outline*

Otras películas de interés

Alsinor y el cóndor   El conflicto durante el gobierno de los sandinistas, en Nicaragua, visto a través de los ojos de un niño. (Miguel Littin, Nicaragua, 1983, 90 m)

El amor brujo   Versión flamenca del ballet de Manuel de Falla, particularmente interesante para los aficionados al flamenco. (Carlos Saura, España, 1986, 100 m)

El angel exterminador   Un grupo de personas elegantes está cenando después de haber asistido a la ópera. Tras la cena, descubren que no pueden salir de la sala de música de su anfitrión. Película muy cómica, con un toque de morbosidad. (Luis Buñuel, México, 1962, 92 m, blanco y negro [b/n])

Ascensión al cielo   Comedia surrealista. La boda de un hombre joven se ve interrumpida por un viaje de dos días, en autobús, que debe hacer para ratificar el testamento de su madre. (Luis Buñuel, México, 1951, 85 m, b/n)

¡Atame, átame!   Película controvertible, de gran éxito, sobre Ricki, quien se enamora de Marina, una ex estrella de cine pornográfico, a la que llega a secuestrar y a atar en el apartamento de ella. A la mujer le atormentan dos emociones opuestas: la de intentar huir, y el amor que empieza a sentir por Ricki. (Pedro Almodóvar, España, 1990, 103 m)

¡Ay, Carmela!   La actriz Carmen Maura en el papel de una cantante de carbaret atrapada entre combatientes de la guerra civil española. (Carlos Saura, España, 1991, 103 m)

Azúcar amargo   Gustavo y Yolanda, amantes condenados en la Cuba de Castro. (Ion Ichaso, Cuba, 1996, 102 m, b/n)

Belle époque   Un soldado español encuentra refugio en la casa de un artista con cuatro hijas. Una comedia romántica de gran encanto. En 1993 se le otorgó el Oscar a la mejor película extranjera. (Fernando Trueba, España, 1992, 109 m)

La boca del lobo   Documental sobre un enfrentamiento entre el ejército de Perú y el movimiento maoísta Sendero Luminoso. Considerada por muchos como una de las mejores películas latinoamericanas de los últimos años. (Miguel Pereira, Perú, 1989, 100 m)

Bodas de sangre   Versión flamenca, basada en la tragedia poética de García Lorca. Coreografía de Antonio Gades. (Carlos Saura, España, 1981, 71 m)

Boquitas pintadas   Basada en la novela del mismo nombre de Manuel Puig, es la historia de un romántico y apuesto joven en estado avanzado de tuberculosis y la lucha entre cuatro mujeres por conseguir su amor. (Leopoldo Torre Nilsson, Argentina, 1975, 120 m)

El bruto   Drama surrealista sobre un obrero bruto que trabaja en un matadero y que está siendo explotado por un terrateniente tiránico. (Luis Buñuel, México, 1952, 81 m, b/n)

Cabeza de vaca   Relato biográfico de Núñez Cabeza de Vaca, único sobreviviente de un naufragio cerca de Florida en el siglo XVI, que se une a una tribu de indígenas. (Nicolás Echeverría, México/España, 1991, 109 m)

Carne trémula   Comedia complicada, subversiva y seductora, con el inconfundible estilo de Almodóvar. (Pedro Almodóvar, España/Francia, 1998, 101 m)

Cartas del parque   Una bella historia de amor basada en un cuento cómico de Gabriel García Márquez. En Cuba (1913), un escritor profesional es contratado para escribir cartas de amor en nombre de un tímido joven científico. (Tomás Gutiérrez Alea, Cuba, 1988, 85 m)

La caza   Tres veteranos de la guerra civil cazan conejos en las mismas colinas donde lucharon durante la guerra. Su nostalgia por la guerra los lleva a matarse unos a otros. (Carlos Saura, España, 1964, 92 m, b/n)

¡Cría!   Los recuerdos y fantasías de una niña que pertenece a una familia extraña, vistos por sus ojos imaginativos y morbosos. Actuación extraordinaria de Ana Torrent, de 10 años de edad, y Geraldine Chaplin. Considerada una película clásica. (Carlos Saura, España, 1975, 107 m)

Danzón   La vida emocional de Julia, una telefonista de 40 años, consiste en el baile de salón semanal. La desaparación de su compañero de baile la lleva a un viaje extraordinario. (Mario Navarro, México, 1991, 96 m)

Demonios en el jardín   En España, durante la posguerra, tres mujeres fuertes luchan por el cariño de un niño. Imágenes extraordinarias de una época de frustración y corrupción bajo el poder de Franco. (Manuel Gutiérrez Aragón, España, 1982, 100 m)

El día que me quieras   Romance y política en la Venezuela de 1935. Carlos Gardel, rey del tango. (Sergio Dow, Estados Unidos/Venezuela/Colombia, 1986, 80 m)

Diamond Plaza   Basada en la novela de Mercè Rodoreda. Dos personajes se ven forzados a madurar cuando su vida es destrozada por una guerra civil, cruel y trágica. (Francesco Bertrín, España, 1981, 112 m)

Doña Herlinda y su hijo   Comedia de costumbres: las relaciones, un tanto raras, entre una madre y su hijo homosexual. (Jaime Humberto Hermosillo, México, 1986, 90 m)

El (This Strange Passion)   Un hombre adinerado se vuelve loco a causa de los celos y su obsesión por los ritos religiosos. Una dramatización irónica del efecto destructivo de la obsesión en el matrimonio y en la sexualidad. (Luis Buñuel, España, 1952, 82 m, b/n)

Entre tinieblas   Yolanda, una cantante de un sórdido cabaret, busca refugio en un convento de monjas que acogen a las mujeres de la calle. Planean una noche extravagante con Yolanda como protagonista. (Pedro Almodóvar, España, 1983, 116 m)

Ese oscuro objeto del deseo   Un hombre cincuentón se enamora desesperadamente de una mujer joven. La última película de Buñuel. Comentario social. (Luis Buñuel, España, 1977, 100 m)

El espíritu de la colmena   La vida de dos hermanitas tras la guerra civil española: sus temores, sus fantasías —la poesía de la niñez. Otra excelente actuación de Ana Torrent, a los 6 años de edad. (Víctor Erice, España, 1974, 95 m)

Extramuros En un convento, durante la Inquisición, unas monjas de inclinación lesbiana luchan contra el poder de la Iglesia y la política. (Miguel Picazo, España, 1985, 120 m)

Fábula de la bella palomera Basada en el cuento de Gabriel García Márquez. Un hombre de negocios de la aristocracia está obsesionado por una mujer joven, bella —y casada— que se dedica a la cría de palomas. (Ruy Guerra, Brasil / España, 1988, 73 m)

Flamenco Película flamenca por excelencia; un filme actuado al estilo de *Riverdance*. Familias gitanas ejecutan números de baile alegres o tensos; los únicos espectadores son la cámara y los otros bailaores. (Carlos Saura, España, 1995, 100 m)

La flor de mi secreto Un retrato conmovedor e ingenioso de una escritora de mediana edad que trata desesperadamente de encontrar algo a que aferrarse, mientras su vida se va desmoronando. (Pedro Almodóvar, Espana, 1995, 107 m)

Flor silvestre La historia de dos familias mexicanas destrozadas por la revolución. (Emilio Fernández, México, 1945, 81 m, b/n)

Fortunata y Jacinta Basada en la novela de Benito Pérez Galdós. Excelente historia de dos mujeres enamoradas del mismo hombre. (Angelino Fons, España, 1969, 108 m)

Frida Homenaje visual al espíritu y determinación de Frida Kahlo, una de las artistas y activistas más importantes del siglo XX. (Paul Leduc, México, 1984, 198 m)

Hombres armados (Men with Guns) Un médico adinerado de un pueblo remoto de Latinoamérica hace un viaje para visitar a sus ex alumnos, quienes ahora trabajan en pueblos pobres. Descubre la realidad política al enterarse de que uno de sus alumnos ha sido asesinado por los guerrilleros, «hombres armados». (Jon Sayles, Estados Unidos, 1997, 127 m)

El jardín de las delicias Un industrial rico sufre de amnesia a causa de un accidente de coche. Su familia intenta reconstruir su pasado, a fin de obtener el número de su cuenta bancaria en Suiza. Una comedia surrealista. (Carlos Saura, España, 1970, 99 m)

La ley del deseo Un director de cine homosexual envidia la vida apasionada que lleva su hermano transexual, ahora su hermana. (Pedro Almodóvar, España, 1987, 100 m)

La línea del horizonte (Skyline) En esta comedia realista, un fotógrafo español va a Nueva York en busca de fama internacional. La película nos muestra sus problemas con el inglés, la cultura, las amistades y el amor. (Fernando Colombo, Estados Unidos, 1984, 84 m)

Un lugar en el mundo Un niño se cría en un pueblo remoto de Argentina, sin saber que sus padres se han establecido allí para olvidar el pasado. (Adolfo Aristarain, Argentina, 1992, 120 m)

Macario La fábula poética de un leñador empobrecido. Primera película mexicana nominada para el Oscar. (Roberto Gavaldón, 1960, 91 m, b/n)

El maestro de esgrima (The Fencing Master) Un maestro de esgrima se enamora de una de sus alumnas, la misteriosa Adela —relaciones que lo llevan a la intriga, a la política y finalmente al crimen. (Pedro Olea, España, 1992, 88 m)

Mamá cumple 100 años Comedia sobre una familia avariciosa cuyos miembros se disputan entre sí. Crítica indirecta de la España bajo Franco. (Carlos Saura, España, 1979, 95 m)

El mariachi Un músico mexicano se ve involucrado en un juego de vida y muerte. Primera película de Roberto Rodríguez, un joven y desconocido director mexicano. A pesar de contar con un presupuesto de sólo siete mil dólares, la película obtuvo varios premios. (Roberto Rodríguez, México, 1992, 90 m)

Marianela Basada en la novela de Benito Pérez Galdós, es la historia de una muchacha huérfana y desfigurada, cuyo único consuelo es servir de guía a un hombre apuesto y ciego. (Angelino Fons, España, 1972, 105 m)

Matador Un torero jubilado y una abogada defensora descubren que comparten intereses similares: la sexualidad y la muerte. Otro viaje hacia lo extraño y lo excéntrico. (Pedro Almodóvar, España, 1986, 115 m)

Memorias del subdesarrollo Durante los años sesenta, un intelectual cubano resulta ser demasiado perezoso para abandonar Miami, y demasiado excéntrico para formar parte de la sociedad cubana de dicha ciudad. (Tomás Gutiérrez Alea, Estados Unidos, 1968, 97 m, b/n)

Miss Mary Julie Christie es una institutriz[1] traída de Europa para trabajar en una familia argentina de la clase alta. Por medio de ella, vemos cómo la corrupta aristocracia se deshace poco a poco. (María Luisa Bemberg, Argentina, 1987, 100 m)

La mitad del cielo Debido a una combinación de suerte, política y romance, una mujer de origen rural, pobre, se convierte en la dueña de uno de los restaurantes más populares de Madrid. (Manuel Gutiérrez Aragón, España, 1987, 127 m)

La muerte de un burócrata Gracioso relato de los intentos de un joven en la lucha contra la burocracia cubana. Mezcla de comedia de payasadas y pesadillas paranoicas: un divertido frenesí cómico. (Tomás Gutiérrez Alea, Cuba, 1966, 87 m)

Muerte en Granada (The Disappearance of García Lorca) Un reportero inicia una investigación sobre la desaparición del famoso poeta y activista político Federico García Lorca, del que no se supo nada más a partir del comienzo de la guerra civil española en los años treinta. (Marcos Zurinaga, España / Puerto Rico, 1997, 142 m)

El Muerto Basada en un cuento de Jorge Luis Borges. Un contrabandista del siglo XIX intenta asumir el poder de su viejo patrón. (Héctor Olivera, Argentina, 1975, 103 m)

La muralla verde Obsesionante historia basada en las propias experiencias de Robles Godoy, director de esta película, en su casa en la jungla peruana. El muro verde es el bosque lluvioso, un gran misterio natural, idílico, pero cruel; lleno de riqueza, pero inflexible. (Armando Robles Godoy, Perú, 1970, 110 m)

Nazarín Un cura es excomulgado por haberle ofrecido refugio a una prostituta. Comedia surrealista que trata de la religión y de la hipocresía. (Luis Buñuel, España, 1958, 92 m, b/n)

El norte Dos guatemaltecos, hermano y hermana, huyen de la situación peligrosa en que se encuentra su país, para irse al norte —los Estados Unidos. Película trágico-cómica y siempre realista. (Gregory Nava, Estados Unidos / México, 1983, 139 m)

Oriane Marie regresa a la vieja casa de Venezuela donde, de niña, solía pasar los veranos. «Una *Jane Eyre* exótica, localizada en una hacienda oprimida por la selva.» (Fina Torres, Venezuela, 1991, 92 m)

Pubis angelical Basada en la novela de Manuel Puig (autor también de *El beso de la mujer araña*), trata sobre la intensa y conmovedora historia de una mujer al borde de la muerte, que reflexiona sobre su vida. (Raúl de la Torre, Argentina, 1983, 117 m)

---

[1] *governess*

¿Qué he hecho para merecer esto?   Carmen Maura en el papel de un ama de casa y asistenta de limpieza, adicta a *No-doz*, quien vende a uno de sus hijos a un dentista y mata a su esposo con el hueso de un jamón. Excelente comedia negra. (Pedro Almodóvar, España, 1985, 100 m)

Retrato de Teresa   La historia de un ama de casa, desilusionada de la vida, que se involucra con ciertos grupos cubanos, culturales y políticos, de la posrevolución. Una de las películas cubanas más controvertibles de las presentadas en los Estados Unidos. (Pastor Vega, Cuba, 1979, 115 m)

Rodrigo D: sin futuro   Una intensa historia referente a lo que significa criarse en la capital de la droga: Medellín, Colombia. Rodada como semidocumental, muchos de los jóvenes que aparecen en la película no tendrán que preocuparse por los años de su vejez. (Víctor Gaviria, Colombia, 1990, 93 m)

Los santos inocentes   La lucha entre las clases sociales en un pueblo agrícola, remoto, durante los tiempos de Franco: la clase baja rural contra los poderosos terratenientes. (Marcel Camus, España, 1984, 108 m)

El silencio de Neto   La primera película producida en su totalidad en Guatemala. Filmada en la ciudad colonial de Antigua, el filme combina el realismo mágico con acontecimientos históricos para relatar la intensa historia política de un muchacho que persigue sus sueños. (Luis Argueta, Guatemala, 1994, 106 m)

Simón del desierto   La historia de San Simón, quien, para evitar la tentación, pasó treinta y siete años encima de una columna de 20 m de altura, predicando el cristianismo. Película breve y excepcional. (Luis Buñuel, España, 1965, 40 m, b/n)

El súper   Roberto, un exiliado cubano, pasa un frío invierno en la ciudad de Nueva York, mientras siente gran nostalgia por su patria. Cómica, conmovedora, nos ofrece una lección importante sobre las dos culturas. (León Ichaso / O. Jiménez-Leal, producida en los Estados Unidos por exiliados cubanos, 1979, 90 m)

Tango   Al sentirse solo porque su mujer lo ha abandonado, el ficticio director de cine, Mario Suárez, se concentra en producir una película sin par sobre el tango. Busca temas que la unifiquen, dándoles al mismo tiempo a los músicos y bailarines la libertad de expresión necesaria para satisfacer al público argentino. (Carlos Saura, Argentina, 1998, 120 m)

Tierra   Un melodrama metafísico que tiene lugar en los desolados viñedos de una remota región española. (Julio Menem, España, 1995, 122 m)

Todo sobre mi madre   Una madre soltera en Madrid ve morir, atropellado por un coche, a su hijo único el día que éste cumple los 17 años (el muchacho corría tras una actriz para pedirle un autógrafo). Decide ir a Barcelona en busca del padre de su hijo muerto, un travestido llamado Lola. Con ciertos ecos de Lorca, *All about Eve* y *A Streetcar Named Desire,* las madres (y también padres y actores) pasan ante nuestros ojos por el dolor, el amor y la amistad. (Pedro Almodóvar, España, 1999, 120 m)

La Última Cena   Basada en un incidente histórico de la Cuba del siglo XVIII. Un negrero intenta cristianizar a sus esclavos, e invita a doce de ellos a montar una representación de La Ultima Cena. (Tomás Gutiérrez Alea, Cuba, 1976, 110 m)

Valentina   Una deliciosa historia sobre el amor inocente entre dos niños de 8 años, que son vecinos, en la Cataluña de 1911. El muchacho, ahora un soldado republicano español, narra la historia veintiocho años más tarde desde una prisión. (José Luis Betancour, España, 1982, 82 m, b/n y color)

El verano de la señora Forbes   Guión de Gabriel García Márquez. Una comedia negra, perversa y humorística acerca de dos niños que hacen un pacto para asesinar a su autoritaria institutriz. Dirigida por uno de los cineastas más importantes de México. (Jaime Humberto Hermosillo, México/España, 1988, 85 m)

Viridiana   La angelical Viridiana, antes de tomar sus votos religiosos, visita a su tío, un hombre sexualmente obsesionado. El estreno de la película provocó un gran escándalo en España; aún más cuando recibió el premio Palme d'Or en Cannes. (Luis Buñuel, España, 1961, 90 m, b/n)

Yo, la peor de todas   La historia de la poeta y escritora Sor Juana Inés de la Cruz, quien fue perseguida por la Inquisición española. Relato de sus apasionadas relaciones con la esposa de un virrey. (María Luisa Bemberg, Argentina, 1993, 100 m)

Yo soy Cuba   Cuatro historias sobre la revolución cubana, originales en su controversia, debido al punto de vista singularmente ruso que nos presentan. Película reestrenada con gran éxito. Un vistazo real de Cuba en la década de los sesenta. (Mikhail Kalaltozov, Cuba/Rusia, 1964, 141 m)

Los zancos   Un dramaturgo y profesor, que se siente viejo y deprimido, se enamora de una actriz joven, lo cual cambia su perspectiva de la vida. (Carlos Saura, España, 1984, 95 m)